AF708254

Transkulturalität im Aufeinandertreffen von Orient und Okzident im literarischen Werk Lev Nussimbaums

Danksagung

Besonderer Dank für die Betreuung meiner Masterarbeit gilt Prof. Dr. Stephanie Waldow und Prof. Dr. Klaus Wolf.

Herrn Hans-Jürgen Maurer vom gleichnamigen Verlag danke ich herzlich für seine umfassende Unterstützung und die zahlreichen zur Verfügung gestellten Informationen über Essad Bey.

Nicht zuletzt gilt mein Dank auch meinen Freunden, meiner Familie, insbesondere meinen „Wahlschwestern“, und Kommilitoninnen und Kommilitonen, die mir mit Rat und Tat zur Seite gestanden haben.

Christine Bossauer-Groß

Transkulturalität im Aufeinandertreffen von Orient und Okzident im literarischen Werk Lev Nussimbaums

VERLAG
H. J. MAURER

Universität Augsburg
Philologisch-Historische Fakultät
Lehrstuhl für Neuere Deutsche Literaturwissenschaft
mit dem Schwerpunkt Ethik

Gutachter: Prof. Dr. Stephanie Waldow und Prof. Dr. Klaus Wolf

Masterarbeit zur Erlangung des akademischen Grades
„Master of Arts“ (M.A.)
Eingereicht am 9. Mai 2017

© 2018 by Christine Bossauer-Groß
Alle Rechte vorbehalten.

Verlag Hans-Jürgen Maurer
Frankfurt am Main

www.verlaghjmaurer.de

ISBN 978-3-929345-77-3

Inhalt

1. Einleitendes

Die vorliegende Arbeit beschäftigt sich mit dem literarischen Werk Lev Nussimbaums alias Essad Bey alias Kurban Said, der ein aus Aserbaidschan stammender deutschsprachiger Autor russisch-jüdischer Herkunft war und sowohl literarische als auch Sachwerke verfasst hat. Das Werk Nussimbaums wurde bisher kaum literaturwissenschaftlich untersucht, was diesen Analyseversuch besonders spannend, aber auch anspruchsvoll macht. Die Mythen, die um das Leben des Autors kreisen, sind bis heute nicht völlig aus der Welt geschafft, obwohl die meisten längst widerlegt sind. Ähnlich verhält es sich mit der Autorschaftsfrage seines berühmtesten Werkes *Ali und Nino,* trotz der umfassenden Biografie *Der Orientalist,* die von dem amerikanischen Journalisten Tom Reiss vor über einem Jahrzehnt veröffentlicht wurde und die dieser Arbeit als Grundlage für das Nachvollziehen des Lebensweges des Autors dient.

Noch weit bevor Reiss angefangen hatte sich mit dem Autor zu beschäftigten, war der Islamwissenschaftler und Orientalist Prof. Dr. Gerhard Höpp dem mysteriösen Autor bereits auf der Spur. Sein Nachlass, der unter anderem Artikel von und über Essad Bey, sowie Rezensionen über dessen Werke enthält, bildet eine weitere wichtige Hilfestellung zu dieser Arbeit. Bevor im Folgenden die Romane Nussimbaums analysiert werden, wird das Leben des Autors umrissen, was für die Interpretation seiner Werke von großer Bedeutung ist. Zuvor bildet jedoch die theoretische Grundlage über die Transkulturalität, die eine besondere Stellung im betrachteten Werk einnimmt, die Basis für die Untersuchungen. Sowohl das Werk als auch die Person des Autors selbst können unter dem Blickwinkel der Transkulturalität betrachtet werden. Im Anschluss an das Kapitel über den Autor werden drei Romane, die exemplarisch für die Untersuchungen herangezogen werden, vorgestellt. Beginnend mit *Ali und Nino,* über *Das Mädchen vom Goldenen Horn,* die beide unter dem Pseudonym Kurban Said verfasst wurden, hin zu dem Heftroman *Liebe und Erdöl,* der unter den nach dem

Übertritt des Autors zum Islam angenommenen Namen Essad Bey publiziert wurde. Dies bildet die Grundlage für den Hauptteil der Arbeit – die Analyse des Orient-Okzident-Motivs, unter Berücksichtigung der transkulturellen Aspekte.

Für die Analyse des Orient-Motivs und dessen Zusammentreffen mit der westlichen Welt werden verschiedene Sekundärwerke, die sich diesem Motiv widmen, herangezogen; zusätzlich wird ein Bogen zum Orient-Motiv in der deutschen Literatur gespannt, um die Besonderheiten des Orientbildes in Nussimbaums Werk vor dessen Hintergrund zu verdeutlichen. Das Hauptaugenmerk liegt dabei überwiegend auf den Romanfiguren, die als Vertreter der östlichen und westlichen Kultur oder auch des „Dazwischen", des Kulturübergreifenden, Träger der kulturellen Gemeinsamkeiten und Unterschiede und damit einhergehender Problematik sind. Die Momente des Zusammentreffens der Kulturen und die sich dabei ergebende Vereinbarkeit bzw. Transkulturalität oder eben auch das Scheitern dieser erweisen sich dabei als besonders interessant und bedeutsam. Dabei werden insbesondere nicht nur die Begegnung der Kulturen bzw. deren Vertreter betrachtet, sondern auch Motive wie Heimat und Fremdheit, in Bezug auf das Individuum. Die abschließende Zusammenführung der transkulturellen Momente des Orient-Okzident-Motivs stellt einen zusätzlichen Bezug zur Gegenwart her.

2. Transkulturalität

Für die Analyse der Motive in den drei Romanen, insbesondere im Bezug auf den Orient und seine Position gegenüber dem Okzident, ist die Berücksichtigung der Transkulturalität entscheidend, denn wie sich im späteren Verlauf der vorliegenden Arbeit zeigen wird, kann eine literaturwissenschaftliche Untersuchung von Nussimbaums Werk kaum ohne die Begrifflichkeiten der inter- und transkulturellen Literaturwissenschaft auskommen. Hierzu muss jedoch zunächst eine theoretische Grundlage geschaffen werden.

Der Begriff der Transkulturalität wurde in den 1990er Jahren von Wolfgang Welsch geprägt, der diesen Begriff einführte, um diesen von dem Begriff der Interkulturalität, die durch Johann Gottfried Herder als Kugelmodell klassifiziert wurde, abzugrenzen. Laut Welsch können Kulturen eben nicht als in sich abgeschlossene Kugeln betrachtet werden, weshalb er von einem Netzmodell spricht.[1] Diese Abgrenzung ist insofern von Bedeutung, da die Kommunikation zwischen den Kulturen, die als Kugeln aufgefasst werden, schwerlich stattfinden kann; zudem ist der Begriff insbesondere bei der Betrachtung von Verflechtungen der Kulturen von großer Bedeutung,[2] eine Homogenität von Kulturen ist hierbei nicht gegeben, denn diese können eine gegenseitige Einflussnahme aufeinander ausüben und somit zur Veränderung führen. Als Kultur werden hierbei nicht nur nationale Sitten und Bräuche verstanden, Kultur wird auf unterschiedlichen Ebenen definiert, d.h. auch spezifische soziale Aspekte spielen eine nicht zu unterschätzende Rolle, wie beispielsweise Beruf, persönliches Umfeld, Erziehung usw.; Kultur muss folglich differenziert betrachtet werden. So können trotz bestehender Unterschiede auf nationaler oder eth-

---

1 Welsch, Wolfgang: „Was ist eigentlich Transkulturalität?“, in: Darowska, Lucyna u.a. (Hg.): *Hochschule als transkultureller Raum?: Kultur, Bildung und Differenz in der Universität,* transcript, Bielefeld 2010, S. 40ff.

2 Ebd., S. 41ff.

nischer Ebene, Gemeinsamkeiten, in Bezug auf das Individuum oder soziale Gruppen, auf einer anderen kulturellen Ebene eine besondere Tragweite haben. Transkulturalität beschreibt dabei konzeptionell „gesellschaftliche und kulturelle Entwicklungen, die seit langem stattfinden“[3] und nicht etwa erst seit Beginn der Neuzeit oder dem Aufkommen der verstärkten Globalisierungsprozesse. Aus diesen Gründen wird auch im Folgenden mit dem übergreifenden Begriff der Transkulturalität und nicht mit dem der Interkulturalität gearbeitet, ohne jedoch letzterem das Potenzial der Austausch- und Interaktionsfähigkeit völlig abzusprechen.

Trotz der Verflechtungen und der gegenseitigen Einflussnahme der Kulturen kann über kulturelle Differenzen nicht einfach hinweggegangen werden, dies führt zu Überlegungen, wie fremde Kulturen umrissen und aufgenommen werden. Zunächst darf nicht außer Acht gelassen werden, dass das Fremde stets über das Eigene, genau genommen als das Gegenteil vom Eigenen konzipiert wird.[4] In vielen Fällen, so beispielsweise in in sich abgeschlossenen Gesellschaften, wird das Fremde als der Feind wahrgenommen, als Bedrohung, die möglichst gemieden werden sollte.[5] Dies kann auch auf die individuelle Ebene übertragen werden, denn letztlich ist es die Angst oder das Gefühl der Bedrohung des Einzelnen, das zur Ausgrenzung des Fremden auf gesellschaftlicher Ebene führt. Eine andere Komponente des Fremden und der Begegnung damit, stellt der Reiz der Fremdheitserfahrung dar. Das als Gegenteil vom Selbst Aufgefasste wird als exotisch und anziehend wahrgenommen, wie beispielsweise im Falle der deutschen Dichter im Bezug auf den Orient,[6] was sich bereits für das Mittelalter nach-

---

[3] Janz, Rolf-Peter: „Transkulturalität – in literaturwissenschaftlicher Perspektive“, in: Ryozo, Maeda (Hg.): *Transkulturalität – Identitäten in neuem Licht. Asiatische Germanistentagung in Kanazawa 2008*, iudicum, München 2012, S. 20.

[4] Vgl. ebd., S. 19.

[5] Sundermeier, Theo: „Religion und Fremde“, in: Wierlacher, Alois und Bodner, Andrea (Hg.): *Handbuch interkulturelle Germanistik*, Metzler, Stuttgart u.a. 2003, S. 549.

[6] Vgl. Mommsen, Katharina: „»Orient und Okzident sind nicht mehr zu tren-

weisen lässt.[7] Das Unbekannte, Fremde übt auch in der Moderne eine Faszination aus, begünstigt durch die veränderte kulturelle und gesellschaftliche Situation, die dazu geführt hat, „dass wir ständig weitere Fremdheitserfahrungen machen“,[8] die in Zeiten der Globalisierung als selbstverständlich erscheinen. „Das Staunen über das, was wir nicht kennen, ist eine Bedingung der ästhetischen Erfahrung in der Moderne.“[9] Die Faszination für das Fremde impliziert jedoch ebenfalls, wie auch bei der Wahrnehmung dessen als Bedrohung, die genannte Konstruktion des Fremden als Gegenteil vom Eigenen, das Schutz und Sicherheit gewährt.[10] Dieses Konzept des Fremden, des Anderen, als Gegenteil vom Eigenen, erscheint einerseits als nachvollziehbar, andererseits jedoch auch als paradox, denn dadurch sind das Eigene und das Fremde unumstößlich miteinander verbunden, „weil das Eigene immer schon Produkt des Anderen ist.“[11] Hierbei spielt der Entwurf der eigenen Identität eine entscheidende Rolle, die genauer betrachtet werden sollte, um die Beziehung zum Fremden begreiflich zu machen.

Die personale Identität wird, wie bereits angeschnitten, durch die Beziehung zum Anderen konstituiert, wie es Paul Ricoeur ausführlich darstellt.[12] Ricoeur spricht von der „narrativen Identität“, die sich aus dem „Wechselspiel der Rollen von Historie und Fiktion“[13] zusammensetzt. Das bedeutet, dass diese „jene Art von Identität [ist], zu der das

---

nen« Goethe und die Weltkulturen“, in: Golz, Jochen (Hg.): *Schriften der Goethe-Gesellschaft*, Bd. 75, Wallstein, Göttingen 2012, S. 63ff. Weiteres hierzu vgl. Kapitel 5. Orient und Okzident

7 Bobzin, Hartmut: „Orientalisch-deutsche Literaturbeziehungen“, in: Killy, Walter (Hg.): *Literaturlexikon*, Bd. 14: Begriffe, Realien, Methoden, Bertelsmann, Gütersloh/München 1993, S. 189f.

8 Janz, Rolf-Peter: „Transkulturalität – in literaturwissenschaftlicher Perspektive“, S. 21.

9 Ebd.

10 Sundermeier, Theo: „Religion und Fremde“, S. 549.

11 Janz, Rolf-Peter: „Transkulturalität – in literaturwissenschaftlicher Perspektive“, S. 19.

12 Ricouer, Paul: *Das Selbst als ein Anderer*, Fink, München 2005.

13 Ricoeur, Paul: *Zeit und Erzählung. Bd. III. Die erzählte Zeit*, Fink, München 2007, S. 399.

menschliche Wesen durch die Vermittlung der narrativen Funktion Zugang haben kann."[14] Bei der Konstruktion der Identität bezieht er den Zeitfaktor mit ein, der Begriff der „narrativen Identität" berücksichtigt folglich auch zeitliche Veränderungen. Hierzu verwendet Ricoeur den Begriff der „Selbstheit" (*ipse*), in Bezug auf die Identität, und grenzt diesen von dem lateinischen *idem* ab, das die Gleichheit, auch in Bezug auf die Zeit, impliziert, da dessen Antonym Verschiedenheit oder Veränderlichkeit wäre. Der Begriff der „Selbstheit" *(ipse)* hingegen bezeichnet das Gegenteil von Andersartigkeit und Fremdheit.[15] Die Identität einer Person setzt sich dialogisch aus den beiden Begriffen zusammen, denn die „Selbigkeit" *(idem)*, die alleine „durch die Verwendung desselben Namens zur Bezeichnung einer Person, von ihrer Geburt bis zu ihrem Tode", scheint einen „unwandelbaren Kern[...]" der Identität vorauszusetzen, der der „Erfahrung der körperlichen und geistigen Veränderung", die jede Person im Laufe der Zeit unterliegt, „widerspricht".[16] Dies ist insofern entscheidend, da die Konstruktion der Identität der Veränderlichkeit unterliegt, d.h. im Laufe ihres Lebens verändert sich die Person, sie bleibt nicht dieselbe, dennoch kann ihr die Identifikation mit sich selbst nicht abgesprochen werden. Die Gewichtigkeit der zeitlichen Komponente wird besonders deutlich, wenn es darum geht, die eigene Lebensgeschichte zu rekonstruieren,[17] trotz der stattgefundenen Veränderungen und trotz des möglicherweise eintretenden Entfremdungseffektes, der sich bei zeitlicher Distanz ergeben kann, identifiziert sich die Person mit ihrer Geschichte und der damit verbundenen Entwicklung.

Die Identität kann sich folglich verändern und entwickeln, was sich in der Wiedererzählung der eigenen Geschichte zeigt – ein und dieselbe Lebensgeschichte kann von derselben Person zu unterschied-

---

[14] Ricoeur, Paul: „Narrative Identität" (1987), in: Ricoeur, Paul: *Vom Text zur Person. Hermeneutische Aufsätze* (1970–1999), hg. v. Peter Welsen, Meiner, Hamburg 2005, S. 209.

[15] Ebd., S. 209.

[16] Ebd., S. 210.

[17] Ebd., S. 209.

lichen Zeitpunkten anders erzählt werden, je nachdem, welche Lebenserfahrungen die Person dann jeweils gesammelt hat. Das bedeutet, dass „die narrative Identität keine stabile und bruchlose Identität“[18] ist und ständig der Gefahr unterläuft, durch fiktive Anteile erweitert zu werden, um als vollständig und schlüssig zu erscheinen, was durch die Kenntnis literarischer Erzählungen begünstigt und beeinflusst wird.[19] Bei der Herausbildung dieser Identität spielt die Beziehung zum Anderen, wie bereits erwähnt, eine nicht zu unterschätzende Rolle. Die Kontinuität der Identifikation einer Person mit sich selbst entsteht durch die Kategorisierung und Zuweisung durch den bzw. die Anderen.[20] Das Selbst rekurriert einerseits auf das Andere, hat aber andererseits auch eine Verantwortung gegenüber dem Anderen, was Ricoeur als „Selbst-Ständigkeit“ bezeichnet. „Selbst-Ständigkeit bedeutet für die Person, sich so zu verhalten, daß der Andere auf sie *zählen* kann.“[21] Die Identitätsbildung schließt folglich auch „Verantwortung“ und Handlungsfähigkeit gegenüber dem Anderen mit ein,[22] dies ist ein dynamischer Prozess, der bei der Betrachtung der Beziehung zum Fremden entscheidend ist.

Da also die Identität narrativ und in Beziehung zum Anderen konzipiert ist, wird Ricoeurs Prämisse der narrativen Identität in der vorliegenden Arbeit bei der Betrachtung der Transkulturalität vorausgesetzt, um die Beziehung der Individuen und Kulturen zueinander zu untersuchen. Denn die Konzeption der Transkulturalität kommt damit in dem Punkt überein, dass „das Eigene und das Fremde nicht als stabile Kategorien“[23] aufgefasst werden, sondern in einer wechselseitigen Beziehung zueinander stehen.

Durch Begegnung des Eigenen mit dem Fremden beeinflussen sich

---

[18] Ricoeur, Paul: *Zeit und Erzählung*, S. 399.

[19] Ricouer, Paul: *Das Selbst als ein Anderer*, S. 199.

[20] Ebd., S. 395.

[21] Ebd., S. 202.

[22] Ebd., S. 202f.

[23] Janz, Rolf-Peter: „Transkulturalität – in literaturwissenschaftlicher Perspektive“, S. 20.

diese gegenseitig, was zur Veränderung und Entwicklung des jeweils Anderen führt. Für die Veränderung spielt es dabei auch keine Rolle, ob das Andere angenommen oder abgelehnt wird, ausgenommen, es erfolgt gar keine Reaktion, d.h. die Handlungsfähigkeit und Verantwortung gegenüber dem Anderen wird ignoriert, das Andere wird nicht wahrgenommen. Doch eine Reaktion auf das Andere, das Fremde, führt stets zu einer Veränderung, dies ist sowohl auf individueller als auch auf gesellschaftlicher Ebene der Fall. Sobald zwei Kulturen aufeinander reagieren, kommt es zur einer Veränderung der kulturellen Identität, ob im Negativen oder im Positiven, ihre Verfassung ist nicht mehr dieselbe wie vor der Begegnung, die Narration wird um die Begegnung und die Reaktion auf diese erweitert. Eine Entwicklung (hierbei muss es sich nicht zwangsläufig um eine positive Entwicklung handeln) wiederum, findet erst durch die Annahme und den Dialog mit dem Anderen statt, mit der Übernahme der Verantwortung für das Andere, dem dann eine Rechenschaft geschuldet wird.[24]

Auf der kulturellen Ebene fanden Veränderungen und die gegenseitige Beeinflussung schon immer statt, worauf die Kritik von Wolfgang Welsch, hinsichtlich des Konzepts der Inter- und Multikulturalität, die auf einem homogenen Kulturverständnis beruhen, basiert.[25] Auch wenn Globalisierungsprozesse diese Entwicklung maßgeblich beeinflusst und dadurch zu einer verstärkten Vernetzung und Hybridisierung der Kulturen geführt haben,[26] fanden transkulturelle Vorgänge, wie bereits angemerkt, schon sehr viel früher statt. Die Untersuchung dieser, insbesondere in der Literatur, ist jedoch weitgehend neu. Die Aufgabe der inter- und transkulturellen Studien besteht nicht nur darin, die Auswirkungen der Unterschiede der Kulturen aufeinander zu untersuchen,

---

[24] Ricouer, Paul: *Das Selbst als ein Anderer*, S. 202.

[25] Welsch, Wolfgang: „Transkulturalität. Lebensformen nach Auflösung der Kulturen", in: Luger, Kurt (Hg.): *Dialog der Kulturen, Österr. Kunst- und Kulturverlag*, Wien 1994, S. 156.

[26] Antor, Heinz: „Multikulturalismus, Interkulturalität und Transkulturalität: Perspektiven für interdisziplinäre Forschung und Lehre", in: Antor, Heinz (Hg.): *Inter- und Transkulturelle Studien. Theoretische Grundlagen und interdisziplinäre Praxis*, Winter, Heidelberg 2006, S. 25ff.

sondern auch die Gemeinsamkeiten zu berücksichtigen. Die Schwierigkeit besteht nun darin, dass zum einen von einem „anti-universalistischen"[27] und zum anderen aber von einem „universalistischen" Kulturverständnis ausgegangen werden muss. Denn einerseits kann, wie bereits gesehen, ein Kulturbegriff, der eine Abgeschlossenheit in sich impliziert, keinen Bestand mehr haben, d.h. „dass es keine universell gültige Bestimmung des Menschen und seiner Kultur geben kann",[28] da diese sich auch in Beziehung zum Fremden konzipiert, es verschiedene Arten von Kulturen – nicht nur auf nationaler, religiöser und ethnischer, sondern auch auf sozialer, beruflicher usw. Ebene – gibt und Kultur und Identität der zeitlichen Wandelbarkeit unterliegen. Andererseits kommen inter- und transkulturelle Studien nicht ohne einen feststehenden Begriff der Kultur und deren Bestimmung aus, denn es entspricht dem menschlichen Bedürfnis, eine Kategorisierung von Kultur und Identität vorzunehmen, die der Sicherheit und Orientierung dient,[29] was letztlich auch berücksichtigt werden muss. Hier spielt auch ein dialogisches Verständnis der Herausbildung von Kultur und Identität mit hinein. So müssen trotz der anti-universalistisch angesetzten Methodik, universalistische Prinzipien, bestimmte kulturelle Inhalte betreffend, berücksichtigt werden.[30]

Zur inter- und transkulturellen Verständigung und der Überwindung der Vorbehalte gegenüber dem Anderen, dem Fremden, führt die Suche nach bzw. die Entdeckung der Ähnlichkeit. Die „minimale Gemeinsamkeit" kann hierbei als „Basis der [...] Verständigung" zweier scheinbar gegensätzlicher „Pole" führen.[31] Durch die Suche nach Ähnlichkeit zwischen den Kulturen kann die „Kluft zwischen Identität und Alterität" überwunden werden, dabei bleibt das Selbst sich weiterhin ähnlich, trotz der damit einhergehenden Veränderung.[32] Das bedeutet, dass

---

27 Ebd., S. 31f.

28 Ebd., S. 31.

29 Ebd., S. 32.

30 Ebd., S. 33.

31 Antor, Heinz: „Multikulturalismus, Interkulturalität und Transkulturalität ...", S. 35.

durch die Suche nach Ähnlichkeit einerseits eine Verständigung stattfindet, andererseits entsteht durch die daraus resultierende Annahme und Akzeptanz des Anderen eine Veränderung des Selbst und eine Entwicklung, die nicht nur mit Freiheit[33] einhergeht, sondern auch zu einer Neukonzeption der eigenen Identität und Auffassung von Kultur führt. Zudem entsteht gerade dadurch eine Vermischung der Kulturen in Individuen, die Welsch als „kulturelle Mischlinge" bezeichnet und wofür er Beispiele aus Musik, Wissenschaft und Lebensalltag unserer globalisierten Gesellschaft anbringt.[34]

Diese Hybridisierung der Kulturen besteht auf vielen verschiedenen Ebenen, wie der sozialen, sprachlichen oder religiösen. Gemeinsamkeiten und Unterschiede sowie die Vernetzung führen zu einem fortwährenden Wandel der Kulturen, dennoch bleiben kulturelle „Brennpunkte" erhalten, die durch die Ausstrahlung aufeinander zu einer ständigen Wandelbarkeit der kulturellen Verfasstheit führen, im Wechselspiel zwischen Grenzen und Grenzüberschreitungen.[35] Durch diese Überschneidungen entsteht etwas Neues, das der genannten hybriden Kultur entspricht. Gerade aus diesem Grund muss hierbei von der Transkulturalität gesprochen werden, einem Wechselspiel zwischen scheinbar festgesetzten oder kategorisierten Kulturen und deren Überschreitungen und Überschneidungen, die sowohl auf individueller als auch auf gesellschaftlicher Ebene von großer Bedeutung sind.

Auch Nussimbaums Werk ist geprägt von transkulturellen Ereignissen und Figurenkonstellationen, die die Begegnung der Kulturen veranschaulichen sowie Grenzen und Grenzüberschreitungen, Vereinbarkeit und Unvereinbarkeit von kulturellen Unterschieden aufzeigen, die

---

[32] Janz, Rolf-Peter: „Transkulturalität – in literaturwissenschaftlicher Perspektive", S. 24.

[33] Ebd.

[34] Vgl. Welsch, Wolfgang: „Transkulturalität. Lebensformen nach Auflösung der Kulturen", S. 163ff. sowie „Was ist eigentlich Transkulturalität?", S. 43ff.

[35] Ricouer, Paul: „Vielzahl der Kulturen – von der Trauerarbeit zur Übersetzung", in: Krohn, Claus-Dieter u.a.: *Übersetzung als transkultureller Prozess*, edition text + kritik, München 2007, S. 3.

auf Basis der vorgenommenen Theorie zur Transkulturalität im späteren Verlauf noch genauer untersucht werden. Lev Nussimbaum selbst kann zurecht als transkultureller Autor bezeichnet werden, was nicht zuletzt auch anhand der Nachzeichnung seines Lebensweges deutlich wird.

3. Der Autor Lev Nussimbaum alias Kurban Said alias Essad Bey

Lev Nussimbaum war eine schillernde Gestalt der deutschen Literatenszene in den 1930er Jahren. „*Öl und Blut im Orient* [sein autobiografisches Werk] stand am Anfang der beispiellosen Karriere des erst 24-jährigen Essad Bey, der 1930 als Shootingstar am Himmel der Literaturmetropole Berlin aufstieg."[36] Zu dieser Zeit nannte er sich bereits Essad Bey, sein gebürtiger Name lautete jedoch Lev Abramovitsch Nussimbaum, geboren, neuesten Informationen zufolge, in oder in der Nähe von Kiew,[37] und nicht wie oft behauptet in Baku, als Sohn des bürgerlichen Ölindustriellen Abraham Lejbusovitsch Nussimbaum und seiner Frau, Bertha Slutsky, die „einer revolutionären Untergrundbewegung angehört"[38] hatte. Beide Eltern waren russisch-jüdischer Herkunft[39] und nicht wie vom Autor unter anderem in seiner literarisch ausgeschmückten Autobiografie behauptet, ein Ölfürst muslimischer Herkunft[40] und eine russische Ade-

---

[36] Marschalleck, Ralf: „Vorwort", in: Bey, Essad: *Öl und Blut im Orient*, Verlag H.-J. Maurer, Freiburg 2008, S. 7.

[37] Laut der Archivauskunft des Zentralen historischen Archivs Ukraine Kiew, ist die Geburt „Lev Abramowitschs Nusimbams" im Geburtsregister der Synagoge in Kiew verzeichnet. Diesem Auszug zufolge wurde er am 20. Oktober 1905 geboren, das Ritual der Beschneidung fand am 27. Oktober 1905 statt. Wobei der Geburtsort nicht explizit benannt ist, was Nussimbaums Behauptung, er sei in einem Zug „zwischen Europa und Asien" [vgl. Reiss, S. 4] geboren, nicht völlig ausschließt. Wahrscheinlich ist er jedoch entweder in Kiew oder in der Nähe von Kiew geboren, was der Eintrag im genannten Register belegt, denn diesen würde es andernfalls nicht in Kiew geben. Als Eltern sind Abraham Lejbusovitsch Nussimbaum und seine Frau Basja verzeichnet. Quelle: Archiv des Verlages H.-J. Maurer (Kopie im Anhang).

[38] Reiss, Tom: *Der Orientalist. Auf den Spuren von Essad Bey*, btb Verlag, Berlin 2005, S. 27.

[39] Ebd., S. 21.

[40] Bey, Essad: *Öl und Blut im Orient. Meine Kindheit in Baku und meine haarsträubende Flucht durch den Kaukasus*, Verlag H.-J. Maurer, Freiburg

lige.[41] Interessant ist jedoch nicht nur seine tatsächliche Herkunft, sondern auch, dass er sowohl unter seinem nach seinem Übertritt zum Islam, angenommenen Namen Essad Bey als auch unter dem Pseudonym Kurban Said seine Werke publiziert hat. Beide Namen sind nicht ohne Grund orientalisch, für den Autor hatten sie eine identitätsstiftende Funktion. So stilisierte er sich gern als orientalischer Adeliger, was ihm auch dazu verhalf, seine eigentlich jüdische Herkunft im nationalsozialistischen Deutschland zu verschleiern.[42] Diese Verschleierung der Herkunft stellte allerdings auch einen Bestandteil seines poetologischen Verständnisses dar, die Mythen um seine Herkunft erschuf er zum Teil selbst in seinen Werken, die oft stark autobiografisch geprägt sind.[43]

Gerade aus diesem Grund ist es bei der vorliegenden Arbeit unabdingbar, in einem gewissen Rahmen auch die Biografie des Autors, zu betrachten, denn Lev Nussimbaum bzw. Essad Bey bzw. Kurban Said war einer jener Autoren, deren Werk kaum unabhängig vom Autor betrachtet werden kann. Der Einfluss der Biografie Nussimbaums auf seine Werke wird sich noch hinreichend im Analyseteil zeigen. Doch nicht alles, was ein Schriftsteller zu Papier bringt und als autobiografisch ausgibt, ist es auch tatsächlich; Nussimbaum bildet dabei keine Ausnahme, insbesondere in dem genannten Werk *Öl und Blut im Orient,* das nicht nur eine literarisch gefärbte Autobiografie darstellt, sondern auch die Verhältnisse in Aserbaidschan des beginnenden 20. Jahrhunderts widerspiegelt. Das Verhältnis von Dichtung und Nichtdichtung und ihrer Abgrenzbarkeit wirft in der Literaturwissenschaft immer wieder neue Fragen und Diskussionen auf,[44] dabei gibt es unterschiedliche Entwürfe, die eine Abgrenzung ermöglichen sollen, unter anderem die Unterscheidung zwischen Poesie, die mögliches Geschehen darstellt, und Geschichtsschreibung, die tat-

---

2008, S. 14ff.

41 Vgl. Reiss, Tom: *Der Orientalist*, S. 22.

42 Vgl. ebd., S. XXVI f.

43 Ebd., S. 6.

44 Niggl, Günter: „Studien zur Autobiographie“, in: Engler, Bernd u.a. (Hg.): *Schriften zur Literaturwissenschaft*, Bd. 35, Duncker & Humblot, Berlin 2012, S. 9.

sächliches Geschehen wiedergibt;[45] sowie die Betrachtung der Intention des Autors oder der Erwartungsperspektive des Lesers.[46] Eine eindeutige Grenze zwischen Dichtung und Wahrheit zu ziehen ist nur auf ontologischer Ebene möglich, da fiktionale Werke nicht nur Mögliches, neben einigen Sachverhalten, die sich tatsächlich zugetragen haben, darstellen, sondern auch eine autonome Erzählwelt erschaffen, während nichtfiktionale Literatur sich stets zweckhaft auf reale Sachverhalte bezieht.[47] Autobiografien stehen daher oft zwischen Fiktion und Wahrheit, der Gattungsbegriff umfasst, dass „die Autobiografie als Darstellung des ganzen eigenen Lebens von der Geburt bis zum Zeitpunkt der Niederschrift definiert. Zumindest muß sie einen wesentlichen, kohärenten Teil des Lebens zu ihrem Gegenstand haben."[48] Tatsächlich Geschehenes wird vom Autor jedoch nicht selten um „abenteuerliche Lebensgeschichten"[49] und Ähnliches erweitert, die Selbstdarstellung wird korrigiert, um das eigene Handeln zu rechtfertigen.[50] Zudem ist die Autobiografie stets eine subjektive Darstellung, weshalb sie nie kritiklos als Quelle bei historischer Wiedergabe herangezogen werden kann;[51] autobiografische Texte können folglich nur unterstützend verwendet werden.[52] Dennoch kann der Rückgriff auf die autobiografische Selbstdarstellung sowie auch auf die erwiesenen biografischen Eckdaten hilfreich für die Betrachtung und Analyse der von Nussimbaum verwendeten Motive sein, insbesondere im Hinblick auf die Transkulturalität, weshalb eine knappe Nachzeichnung seines kurzen, aber bewegten und außerordentlich literarisch-produktiven Lebensweges unumgänglich ist.

---

45 Vgl. ebd., S. 11f.

46 Vgl. ebd., S. 17f.

47 Ebd., S. 19.

48 Ebd. S. 40.

49 Ebd.

50 Ebd., S. 40f.

51 Vgl. ebd., S. 44f.

52 Vgl. hierzu: Bossauer-Groß, Christine: *Weibliches Schreiben um 1900, Franziska zu Reventlow und die Münchner Bohème*, Universität Augsburg 2015, S. 39f.

Seine Kindheit verbrachte Nussimbaum in Baku, unter ständiger Aufsicht, aufgrund der zu dieser Zeit unruhigen politischen Umstände.[53] Da „bei ihm fälschlicherweise ein Herzfehler diagnostiziert worden war" wuchs er sehr behütet, „doch ohne Freunde"[54] auf. Dafür hatte der junge Lev viel Zeit, um in der häuslichen Bibliothek die Werke diverser Schriftsteller zu lesen und seine Heimatstadt zu erkunden, was sich später in der detailgetreuen Darstellung derselben in *Ali und Nino* niederschlägt.[55] Auch durch die seltenen, aber für Nussimbaum sehr faszinierenden, Begegnungen mit den kaukasischen Völkern in seiner Kindheit finden sich in seinen Werken wieder,[56] wie in *Zwölf Geheimnisse im Kaukasus* (1931)[57] oder im autobiografischen Werk *Öl und Blut im Orient* (1930). Ein weiterer Grund für diese überbehütete Kindheit war auch die Angst vor Entführungen, die in dieser Zeit allgegenwärtig waren und auch Freunde der Nussimbaums betroffen hatten.[58] Auch dies regte Lev Nussimbaums Fantasie an. So beschreibt er später in *Öl und Blut im Orient* seine eigene angebliche Entführung, der er aufgrund seiner Unvorsichtigkeit zum Opfer fiel, als er – wohlgemerkt als Zwölfjähriger – zu einem Rendezvous ohne jede Aufsicht verschwand.[59] Doch allein die Möglichkeit einer Entführung ließ seinen Vater sehr vorsichtig werden. Der junge Lev Nussimbaum besuchte die Schule erst 1914[60] im Alter von neun Jahren, wobei auch dieser Schulbesuch durch die revolutionären Bewegungen und der damit verbundenen Flucht, auf die er sich zusammen mit seinem Vater begeben musste, unterbrochen wurde.[61]

---

[53] Reiss, Tom: *Der Orientalist*, S. 37.

[54] Ebd., S. 39.

[55] Ebd., S. 40.

[56] Ebd., S. 43.

[57] Bey, Essad: *Zwölf Geheimnisse im Kaukasus. Mit einem Nachwort von Tom Reiss*, Verlag H.-J. Maurer, Freiburg 2008.

[58] Reiss, Tom: *Der Orientalist*, S. 38.

[59] Bey, Essad: *Öl und Blut im Orient*, S. 69ff.

[60] Laut einem Schulzeugnis von 1917/18 wurde Lev 1914 eingeschult. Quelle: Archiv des Verlages H.-J. Maurer (Kopie im Anhang).

[61] Vgl. Reiss, Tom: *Der Orientalist*, S. 51ff.

Durch die Revolution waren die Nussimbaums gezwungen, Aserbaidschan zu verlassen, dabei ließen sie ihren gesamten Hausstand und alle Angestellten zurück und flohen zunächst über das Kaspische Meer nach Turkestan.[62] In *Öl und Blut im Orient* beschreibt der zum Zeitpunkt des Erscheinens noch sehr junge Autor seine Erlebnisse auf der Flucht, wobei diese eher als literarische Wiedergabe anzusehen sind. Zudem entschließt sich Nussimbaum, die Schilderung „der langweiligsten Reise [seines] Lebens“ nicht detailgetreu und „chronologisch“ wiederzugeben, sondern „vielmehr die Einzelheiten des Wüstenlebens, ihre Stämme und Sitten, die alten Städte und Paläste Turkestans, die Fürsten, Heiligen und Bettler“[63] zu beschreiben. Diese Beschreibungen sind stark ausgeschmückt, jedoch hatte „Lev höchstwahrscheinlich all die von ihm beschriebenen Geschehnisse tatsächlich miterlebt [...], auch jene, die am unwahrscheinlichsten scheinen“,[64] wie beispielsweise die Festsetzung der sechsundzwanzig sowjetischen Kommissare.[65] Nach einem längeren Aufenthalt in Turkestan setzten Lev und Abraham Nussimbaum ihre Flucht vor den Sowjets durch das orientalische Gebiet fort.[66] Nach einigen Monaten auf der Flucht ergab sich schließlich die Gelegenheit, nach Aserbaidschan zurückzukehren.

> Die Nachricht, daß im Juli 1918 die Sowjetmacht durch deutsche, britische und türkische Truppen beseitigt und durch Musawwatisten ersetzt worden war, bewegte sie zur Rückkehr nach Aserbaidschan, das sie jedoch schon im Frühjahr 1920 erneut verließen, als dort die Sowjetmacht wiedererrichtet wurde.[67]

---

[62] Bey, Essad: *Öl und Blut im Orient*, S. 97ff.

[63] Ebd., S. 118.

[64] Reiss, Tom: *Der Orientalist*, S. 58.

[65] Bey, Essad: *Öl und Blut im Orient*, S. 106ff.

[66] Reiss, Tom: *Der Orientalist*, S. 69.

[67] Höpp, Gerhard: „Mohammed Essad Bey: Nur Orient für Europäer?“, in: *Asien, Afrika, Lateinamerika*, Nr. 25 (1997), S. 76.

Auch diese zweite, nun endgültige Flucht kostete den jungen Lev und seinen Vater viel Kraft.[68] Über Istanbul, wo für Lev Europa begonnen hatte,[69] gelangten sie zunächst nach Rom und dann nach Paris, „dort trennten sich schließlich ihre Wege: Während der Vater hierblieb, zog es den Sohn nach Berlin."[70] Der Entschluss Lev nach Deutschland zu schicken wurde von der Familie nach den positiven Berichten eines Onkels, der sie in Paris besuchte, getroffen.[71] In Berlin besuchte Lev das russische Gymnasium und trat am 13. August 1922 zum Islam über,[72] fortan nannte er sich Essad Bey, als der er auch auf der Gründungsliste der „Islamischen Gemeinde zu Berlin e. V."[73] verzeichnet ist. Bereits zu dieser Zeit hatte Nussimbaum sehr viele Erfahrungen gemacht, die ihn prägten und sich später in seinem Werk niederschlagen sollten. Diese kulturübergreifenden Erfahrungen bildeten, neben seiner Abstammung, die Grundlage für die transkulturellen Motive in seinen Büchern. In der islamischen Gemeinde Berlins kam er in Kontakt mit Muslimen aus aller Herren Länder, was eine zusätzliche Anregung zu seinem späteren literarischen Wirken darstellte.[74] In dieser Zeit lebten er und sein Vater, der mittlerweile nach Berlin nachgekommen war, von sehr geringen Mitteln, was Lev nach außen hin zu verbergen versuchte.[75] Im Herbst 1922 schrieb er sich noch vor dem Abitur an der Friedrich-Wilhelm-Universität am Seminar für orientalische Sprachen ein, besuchte jedoch gleichzeitig noch das Gymnasium und vertiefte sich immer weiter in die Welt des Orients.[76] Der Übertritt zum Islam und der damit verbundene Namenswechsel wurden Teil seiner neuen Identität, die er nach und nach

---

68 Reiss, Tom: *Der Orientalist*, S. 128.

69 Bey, Essad: *Öl und Blut im Orient*, S. 262.

70 Höpp, Gerhard: „Mohammed Essad Bey: Nur Orient für Europäer?", S. 77.

71 Reiss, Tom: *Der Orientalist*, S. 172.

72 Höpp, Gerhard: „Mohammed Essad Bey: Nur Orient für Europäer?", S. 77.

73 Ebd.

74 Ebd.

75 Vgl. Reiss, Tom: *Der Orientalist*, S. 231.

76 Ebd., S. 234f.

immer mehr festigte.[77] Nussimbaum kam schon bald auch in Berührung mit „verschiedenen ‚Kulturzirkeln'" und wurde Mitglied in verschiedenen literarischen Klubs, unter anderem „gab [er] Lesungen im selben ‚literarischen Klub' wie der junge Vladimir Nabokov".[78] Im Laufe der folgenden Jahre lernte er immer mehr Schriftsteller, Verleger, Publizisten und andere Vertreter der Berliner Literatenszene kennen, darunter Willy Haas[79] und Else Lasker-Schüler, die mit ihrem Auftreten als „Prinz von Theben" sicherlich großen Eindruck hinterlassen hatte.[80] Lev Nussimbaum bzw. Essad Bey erkannte in dieser Zeit auch, dass es einen „Bedarf an Literatur über den islamischen Orient sowie das zaristische und das bolschewistische Russland"[81] gab, Themenbereiche, für die er sich brennend interessierte, was auch sein Vorlesungsplan belegt.[82]

Nach seinem erfolgreichen[83] Debüt als Autor, das nicht nur positive Reaktionen nach sich gezogen hatte,[84] folgten immer weitere Bücher in kurzen Abständen, darunter Biografien über Mohammed[85] und Zar Nikolaus II.,[86] sowie Bücher über den Orient und Russland, wie *Das weisse Russland*[87] oder *Allah ist gross.*[88] „In Deutschland stießen vor

---

[77] Ebd., S. 242ff.

[78] Ebd., S. 249.

[79] Willy Haas verfasst höchstwahrscheinlich auch den in 1953 in der Zeitschrift *Die Welt*, erschienenen Nachruf auf Essad Bey, vgl. Nachlass Höpp: W. H. (wahrscheinlich Willy Haas): „Ein phantastischer Mensch: das ungewöhnliche Leben des Essad Bey", in: Die Welt, 19.03.1953, Nr. 66, S. 4.

[80] Vgl. Reiss, Tom: *Der Orientalist,* 250ff.

[81] Höpp, Gerhard: „Mohammed Essad Bey: Nur Orient für Europäer?", S. 79.

[82] Ebd., S. 78.

[83] Vgl. Rezensionen zu *Öl und Blut im Orient,* Nachlass Höpp, Zentrum Moderner Orient.

[84] Vgl. Höpp, Gerhard: „Mohammed Essad Bey: Nur Orient für Europäer?", S. 80.

[85] Bey, Essad: *Mohammed. Biographie,* Kiepenheuer, Berlin 1932.

[86] Bey, Essad: *Nikolaus II. Glanz und Untergang des letzten Zaren,* Kiepenheuer, Berlin 1935.

[87] Bey, Essad: *Das weisse Russland. Menschen ohne Heimat,* Kiepenheuer, Berlin 1932.

allem jene [Bücher] auf Interesse, die sich mit Sowjetrussland beschäftigten."[89] Große Aufmerksamkeit und Wertschätzung erfuhren Nussimbaums Werke auch im Ausland, was die Übersetzungen in zahlreiche Sprachen belegen. Als Essad Bey war er zum Experten für den Orient aufgestiegen und vertiefte sich immer weiter in diese Identität, ohne seine eigentliche Herkunft jedoch direkt zu verleugnen, was wiederum seine transkulturellen Anlagen verdeutlicht. Dennoch stellte seine angebliche Abstammung aus dem orientalischen Adel irgendwann auch immer mehr einen Schutz vor den nationalsozialistischen Bewegungen dar.[90] Seine Herkunft, die nach der Veröffentlichung von *Öl und Blut im Orient* durch polizeiliche Ermittlungen enttarnt wurde,[91] stellte für Nussimbaum jedoch in den Folgejahren zunächst keine brisante Gefahr dar, denn Nussimbaum, der „ein erklärter Gegner dichotomisierender Ideologien war",[92] konnte bis zu seinem Ausschluss aus dem „Reichsverband Deutscher Schriftsteller" (RDS) im April 1935 problemlos Bücher in Deutschland veröffentlichen, und auch seine „Enttarnung" wurde relativiert, nach der Publikation des sowjetkritischen Buches *G.P.U. Die Verschwörung gegen die Welt,*[93] da diese als antisowjetische Propaganda angesehen wurde.[94]

Dennoch zog Nussimbaum 1933 zeitweise nach Wien, zusammen mit seiner Frau Erika, geb. Loewendahl, die er 1931 kennengelernt hatte, als sie noch Volontärin in der *Literarischen Welt* war, für die Nussimbaum in den 1930er Jahren weit über 100 Artikel verfasst hatte.[95] In seinen Lebenserinnerungen, den Manuskripten, die Tom

---

88 Bey, Essad und Weisl, Wolfgang von: *Allah ist gross. Aufstieg und Niedergang der islamischen Welt von Abdul Hamid bis Ibn Saud*, Kiepenheuer, Berlin 1932.

89 Höpp, Gerhard: „Mohammed Essad Bey: Nur Orient für Europäer?", S. 81.

90 Reiss, Tom: *Der Orientalist*, 258f.

91 Ebd., S. 268.

92 Höpp, Gerhard: „Mohammed Essad Bey: Nur Orient für Europäer?", S. 82.

93 Bey, Essad: G.P.U. *Die Verschwörung gegen die Welt*. Etthofen, Berlin 1932.

94 Höpp, Gerhard: „Mohammed Essad Bey: Nur Orient für Europäer?", S. 85.

95 Reiss, Tom: *Der Orientalist*, S. 258.

Reiss von einer ehemaligen Mitarbeiterin von Levs österreichischen Verlag erhalten hatte,[96] nennt der Autor sie „Monica Brand"[97] und beschreibt diese erste Begegnung. Im Jahr darauf heiraten die beiden und unternehmen eine längere Reise nach Amerika, Erika zieht auch bei Levs endgültigem Abschied von Deutschland im Jahr 1936 mit nach Österreich. Dort folgen weitere Publikationen, die Ehe mit Erika geht hingegen in die Brüche, die Scheidung wird durch die Presse öffentlich.[98]

Die Romane *Ali und Nino* (1937) und *Das Mädchen vom Goldenen Horn* (1938), die in der vorliegenden Arbeit untersucht werden, erscheinen unter dem Pseudonym Kurban Said.[99] *Das Mädchen vom Goldenen Horn* ist das letzte Buch, das Lev Nussimbaum alias Essad Bey alias Kurban Said veröffentlicht hat. Er ist gezwungen, aufgrund der politischen Lage, nun auch Österreich zu verlassen und gelangt über die Schweiz nach Italien, wo er sich nach dem Ausbrechen einer Krankheit 1938 in Positano niederlässt. Zu dieser Zeit pflegt er brieflichen Kontakt mit einigen seiner Freunde und sein ehemaliges Kindermädchen Alice Schulte folgt ihm nach Italien,[100] „nachdem der Junge, um den sie sich ein Leben lang gekümmert hatte, zu einem gejagten Mann geworden war."[101] Alice ist diejenige, die ihn während seiner Krankheit pflegt, obwohl sie bereits das Alter von 72 Jahren erreicht hatte, wie Lev in seinen Aufzeichnungen,[102] die er 1940 begonnen hatte, festhält. Lev scheint zu dieser Zeit bereits zu spüren, dass ihm die Zeit davonläuft:

Eine große Anzahl dieser Artikel ist auch im Nachlass Gerhard Höpps, Zentrum Moderner Orient Berlin, zu finden.

96 Ebd., S. XXXf.

97 Said, Kurban: „Der Mann, der nichts von der Liebe verstand (III)", in: Fuhrmann, Wilfried (Hg.): *Ist Kurban Said der Mann, der nichts von der Liebe verstand?* (Transkript Heft III. Manuskript Kurban Said/Essad Bey), Potsdam 2008, S. 17.

98 Reiss, Tom: *Der Orientalist*, 365ff.

99 Näheres hierzu unter 3.1.

100 Reiss, Tom: Der Orientalist, 405ff.

101 Ebd., S. 5.

102 Said, Kurban: „Der Mann, der nichts von der Liebe verstand (III)", S. 10.

> Es ist schwer zu schreiben, wenn die Seele schwer. Aber ich muß, ich muß mich beeilen. Es ist, als wenn mir der Teufel im Nacken säße. Ich will mein Leben dem unsicheren Papierbogen anvertrauen. Alice! Alice! Gott möge wenigstens sie retten.[103]

Diese Aufzeichnungen (sechs Notizhefte) sind das letzte, was von Lev Nussimbaum alias Essad Bey alias Kurban Said verbleibt. Am 27. August 1942 starb der Autor verarmt in Positano, kurz zuvor übergab er die Notizbücher Therese Kirschner, der ehemaligen Verlagsmitarbeiterin, die ihn dort besuchte.[104] In seinem kurzen, aber literarisch sehr produktiven Leben veröffentlichte er vierzehn Bücher[105] und zwei Heftromane unter dem Namen Essad Bey sowie zwei Romane unter dem Namen Kurban Said. Letztere sollen nun im Folgenden näher betrachtet werden.

---

[103] Said, Kurban: „Der Mann, der nichts von der Liebe verstand (III)", S. 10.

[104] Reiss, Tom: *Der Orientalist*, S. 428.

[105] Der angenommene Name „Essad Bey" gilt nicht nur als sein Schriftstellername, der Autor hatte diesen, wie angegeben, angenommen, als er zum Islam konvertierte, auch auf seinem Grabstein in Positano ist „Mohammed Essad Bey" eingraviert. Da seine letzten Werke unter „Kurban Said" veröffentlicht wurden und er auch seine letzten Manuskripte mit „Kurban Said" unterschreibt, besteht die Schwierigkeit der Zusammenführung dieser Namen. Im Grunde müsste „Essad Bey" verwendet werden, was die meisten, die sich mit dem Autor beschäftigen, auch tun. Es ist auch bei der Beschäftigung mit anderen Autoren üblich, von ihren angenommenen Namen oder Pseudonymen, die sie für ihre schriftstellerische Tätigkeit nutzen, zu sprechen. Aufgrund der genannten Schwierigkeit wird in der vorliegenden Arbeit jedoch bewusst überwiegend der Name „Lev Nussimbaum" verwendet, um den Lesefluss zu erleichtern und eine weitgehende Einheitlichkeit zu schaffen, wie es Tom Reiss auch in seiner Biografie handhabt. Dies soll jedoch keineswegs die Bedeutung des angenommenen Namens „Essad Bey" schmälern, zumal dieser zum Teil auch seine „alte" Identität als Lev Nussimbaum in sich birgt, denn „Essad" bzw. „Asad" bedeutet „Löwe", wie auch der russische Name „Lev", was auch seinen Zeitgenossen nicht verborgen blieb, vgl. dazu: Reiss, Tom: „Der Orient der Imagination" (Nachwort zu *Öl und Blut im Orient*), in: Bey, Essad: *Öl und Blut im Orient*, Verlag H.-J. Maurer, Freiburg 2008, S. 266.

4. Die Romane – Inhalt, Aufbau und Werksgeschichte

Das literarische Werk Lev Nussimbaums wurde bisher noch kaum literaturwissenschaftlich untersucht,[106] auch wenn es in den letzten Jahrzehnten immer mehr Aufmerksamkeit auf sich gezogen und immer häufiger Publikationen über Nussimbaum und sein Werk veröffentlicht werden. Insbesondere über den berühmtesten Roman *Ali und Nino* und die damit verbundene Autorschaftsfrage erscheinen immer mal wieder neue Aufsätze[107] aus den unterschiedlichsten Fachbereichen.

---

106 Bisher wurden noch keine literaturwissenschaftlichen Untersuchungen zum Werk Nussimbaums publiziert. Es gibt jedoch eine Dissertation von Yagut Abdalla, die sich mit dem Orient im Werk des Autors auseinandersetzt; die jedoch erst kurz vor Fertigstellung dieser Arbeit zugänglich geworden war. Yagut Abdalla arbeitet allerdings auch das Vorkommen des Orient-Okzident-Motivs in allen Werken des Autors ab und legt einen anderen Schwerpunkt bzw. hat einen anderen Zugang zu diesem als in der vorliegenden Arbeiten angestrebt. Aus diesen Gründen kann die in Wien vorgelegte Dissertation nur in kleinen Teilen berücksichtigt werden, vgl.: Abdalla, Yagut: *Das ‚fortschrittliche Europa' oder das ‚rückständige Asien'? Orient und Okzident in den Werken von Mohammed Essad Bey*, Diss. Wien 2016.
Im Sommer 2017 wird allerdings auch eine amerikanische Publikation erscheinen, die sich mit den literarischen Motiven in Ali und Nino auseinandersetzt. Diese kann in der vorliegenden Arbeit aufgrund des Erscheinungstermins jedoch keine Berücksichtigung mehr finden: Crane, Cory und Niekerk, Carl: *Approaches to Kurban Said's Ali and Nino: Love, Identity, and Intercultural Conflict (Studies in German Literature Linguistics and Culture)*, Camden House Inc., New York 2017.

107 Genannte Aufsätze sind leider nur selten zitierfähig, weshalb sie in der vorliegenden Arbeit keine Verwendung finden können, dabei handelt es sich nicht immer um Online-Publikationen, sondern auch um Print-Publikationen, beispielsweise um Aufsätze in Sammelbänden. Ein Beispiel hierfür, das nicht unerwähnt bleiben darf, ist: Menzel, Birgit: „Eurasien als Translationsraum. Kurban Said und sein Roman *Ali und Nino*", in: Dizdar, Dilek u.a. (Hg.): *Nationenbildung und Übersetzung*, Frank & Timme, Berlin 2015, S. 147–167.
Menzels genannter Aufsatz enthält leider sehr viele Falschinformationen und bleibt zudem in vielerlei Hinsicht analytisch auf der Oberfläche, weshalb er trotz einiger richtiger Anmerkungen keine Verwendung in der vor-

Das Interesse an Lev Nussimbaum alias Essad Bey alias Kurban Said ist groß, so zieht sein Werk auch Wissenschaftler, deren Fachgebiet jenseits der Literatur liegt, in seinen Bann.[108] Literaturwissenschaftliche Analysen seitens der Germanistik gibt es jedoch bisher nicht, was die später folgenden Betrachtungen und Untersuchungsansätze zu einer besonderen Herausforderung macht. Dieses Kapitel soll zunächst einen Überblick über die drei betrachteten Romane *Ali und Nino, Das Mädchen vom Goldenen Horn* und *Liebe und Erdöl* verschaffen, dabei wird die Analyse der Motive noch nicht vorgenommen. Dieser Abschnitt dient allerdings als Grundlage für die spätere Analyse und gibt Auskunft über den Aufbau, aber auch über die Werksgeschichte der drei betrachteten Werke, damit im weiteren Verlauf dieser Arbeit darauf zurückgegriffen werden kann.

4.1 Ali und Nino

Das wohl berühmteste Werk Nussimbaums ist der Roman *Ali und Nino,* der in der Heimat des Autors, Aserbaidschan, längst als Nationalroman angesehen wird. Besonders interessant ist dabei die Frage nach der Autorschaft des Werkes, denn diese war lange Zeit sehr strittig. Spätestens nach Erscheinen der von Tom Reiss verfassten Biografie *Der Orientalist. Auf den Spuren des Essad Bey* ist deutlich geworden, dass hinter Kurban Said niemand anderer als Lev Nussimbaum steckt, der meist als Essad Bey publiziert hat – mit Ausnahme der beiden letz-

---

liegenden Arbeit finden kann. Eine Bemerkung Birgit Mezels aus diesem Aufsatz sollte jedoch erwähnt werden – sie traut die Untersuchung des Romans *Ali und Nino* vor allem der inter- unter transkulturellen Germanistik zu (vgl. ebd., S.149), was dem Konzept der vorliegenden Arbeit entspricht.

108 So hat sich beispielsweise der pensionierte Professor für Makroökonomie Wilfried Fuhrmann mit Autor und Werk beschäftigt und sogar eine Reihe von Transkripten der letzten Manuskripte Der Mann, der nichts von der Liebe verstand, publiziert (vgl. „Transkripte"), sowie einige Aufsätze über den Autor verfasst, die er auf seiner Internetseite *www.essadbey.de* veröffentlicht hat.

ten Romane. Dennoch gibt es nach wie vor einige Vertreter, die die Baronin Elfriede von Ehrenfels-Bodmershof[109] oder den aserbaidschanischen Autor Josef Vezir Chemenzeminli[110] als Verfasser dieses Romans annehmen. So besteht die Familie der Baronin Ehrenfels von Bodmershof darauf, dass der Roman von dieser stammt.[111] Reiss gibt jedoch an, dass Hertha Pauli, die „zu den Ersten [gehörte], die sich in der *New York Times* zur Identität von Kurban Said äußerten",[112] für Nussimbaum einen Vertrag unter dem Pseudonym Kurban Said abschloss,[113] der im nationalsozialistischen Deutschland nicht mehr veröffentlichen konnte, nicht als Essad Bey, der bereits mit den Novellen *Liebe und Erdöl* und *Manuela*, „die seltsamerweise nur in Polen erschienen"[114], sind auch literarische Werke publiziert hatte. In einem Leserbrief an die *New York Times* gibt „die österreichische Schriftstellerin Hertha Pauli, die 1938 vor den Nazis in die USA geflohen war, [an], Kurban Said sei niemand anders als ihr ‚Kollege und Freund' Essad Bey gewesen", was auch in einem „anderen Brief" von „Alexander Brailow",[115] einem Freund Nussimbaums, bestätigt wird. Die Erben der Baronin wiederum bestanden darauf, dass diese hinter dem Pseudonym Kurban Said stecken würde oder zumindest einen großen Anteil an der Autorschaft habe,[116] wobei Tom Reiss berechtigterweise einwendet,[117] dass

---

109 Vgl. Reiss, Tom: *Der Orientalist. Auf den Spuren des Essad Bey*, S. X.

110 Vgl. ebd., S. XVI.

111 Vgl. ebd., S. 378.

112 Vgl. ebd., S. 372.

113 Ebd.
Hertha Pauli wird auch durch einen Vertrag vom 1. Februar 1938 zwischen dem Zinnen-Verlag und der Literarischen Agentur Herta Pauli als Vertreterin für Kurban Said ausgewiesen, wobei hier die Baronin von Ehrenfels als die angebliche Autorin hinter dem Pseudonym fungiert, vgl. Nachlass Höpp, Zentrum Moderner Orient Berlin, Sign. 02.11.018.

114 Ebd., S. 371.

115 Höpp, Gerhard: „Wer schrieb ‚Ali und Nino'? Zur Archäologie einer Legende", in: *Zenit* 2/2001, S. 60.

116 Vgl. ebd. S. 378ff.

117 Ebd. S. 387f.

dann aber seltsam wäre, dass der Ehemann der Baronin, Umar (oder Omar) Rolf von Ehrenfels, in dem Vorwort der Ausgabe des Romans *Das Mädchen vom Goldenen Horn* von dem Verfasser Kurban Said als seinem „vergessenen Freund[...]" spricht, dessen „traditionell[...] muslimische[s] Grab" er „außerhalb der Friedhofsmauer von Positano"[118] besuchte. Dabei kann es sich schlicht nur um Lev Nussimbaum handeln, und auch wenn Elfriede Ehrenfels von Bodmershof möglicherweise einen gewissen Anteil an der Autorschaft gehabt haben könnte, was nicht zweifelsfrei zu widerlegen ist, so handelt es sich bei Kurban Said doch um niemand anderen als Lev Nussimbaum alias Essad Bey. Die Mythen um diesen Autor und seine Werke sind damit aber nicht völlig aus der Welt.

Zudem ist zu lesen, es wäre in Deutschland, in den 1970er-Jahren, eine „Rückübersetzung" von *Ali und Nino* aus dem Englischen verlegt worden, was vor allem auf die verwirrende Information, die auf dem Einband der Auflage von 2000 zu lesen ist,[119] sowie auf Tom Reiss' Auskunft in der Biografie Essad Beys zurückzuführen ist.[120] Tatsächlich handelt es sich jedoch um einen redaktionellen Eingriff des Scherz-Verlags.[121] Für die vorliegende Arbeit wird jedoch die Neuauflage, die

---

118 Said, Kurban: *Das Mädchen vom Goldenen Horn*, Verlag Kurt Desch, 1973, Vorwort von Umar R. Ehrenfels, S. 6.

119 Im Klappentext: „Lange war das Buch verschollen und tauchte erst in den 70er Jahren als Übersetzung ins Englische wieder auf." – Diese Formulierung mag dazu geführt haben, dass manche die deutsche Fassung der 1970er-Jahre als „Rückübersetzung" verstanden haben. Vgl. Said, Kurban: *Ali und Nino*, Ullstein List, München 2000, im Weiteren abgekürzt als AN.

120 Reiss, Tom: *Der Orientalist. Auf den Spuren des Essad Bey*, S. IX.

121 In einem Telefongespräch vom 21.11.2016 mit Hans-Jürgen Maurer (Verlag H.-J. Maurer), dem an dieser Stelle herzlich für die vielen hilfreichen Auskünfte und die Bereitstellung von Materialien gedankt wird, stellte sich heraus, dass der Scherz-Verlag in den Text von 1937 (der dem Scherz-Verlag vorlag) eingegriffen hatte, woraus die Ausgabe von 1973 resultierte. So wurde der Anfang aus der englischen Übersetzung von Jenia Graman [diese Übersetzung ins Englische wurde das erste Mal 1970 herausgegeben und auch später weiter verlegt, vgl. Said, Kurban: *Ali and Nino: A love story*, Vintage, London 2000, Translation by Jenia Graman] in die deutsche Ausgabe übernommen, was der Brief Gramans an den Schulfreund Nussim-

sich an der Erstausgabe von 1937 orientiert, herangezogen. Viel entscheidender sind die Motive, die im späteren Verlauf dieser Arbeit genauer betrachtet werden, sowie die Parallelen zu einem anderen Werk, das unter dem Namen Essad Bey veröffentlicht wurde – *Liebe und Erdöl* –, auf das noch im übernächsten Kapitel eingegangen wird, was nebenbei auch einen zusätzlichen Beweis für die Autorschaft Nussimbaums liefern kann. Zunächst sollte jedoch die Handlung und der Aufbau des berühmtesten Werkes Nussimbaums, dessen Geschichte auch in den Übersetzungen eine weitläufige ist,[122] erfolgen.

Die Handlung beginnt mit einer Unterrichtsstunde des Protagonisten Ali Khan, der Gymnasialprofessor berichtet der Schulklasse von der besonderen Lage der Stadt Baku, in der sich der überwiegende Teil der Handlung abspielt. Zwischen Asien und Europa ist die Zugehörig-

---

baums, Alexander Brailow, vom 13.6.1973 belegt, obwohl der Scherz-Verlag lediglich zugibt, einen leichten redaktionellen Eingriff, der jedoch im Vergleich mit der englischen Fassung erfolgte, vorgenommen zu haben, laut Brief der Mitarbeiterin des Scherz-Verlages Ursula Futschik an den Mitarbeiter der Hamburger Literarischen Agentur, Hans Hermann Hagedorn, vom 17.4.1990 [Archiv des Verlags H.-J. Maurer]. Irrtümlicherweise wird im genannten Brief jedoch von der „ursprünglichen" Ausgabe als Übersetzung aus dem Englischen gesprochen. Es handelt sich folglich um einen Eingriff des Lektorats, denn obwohl die Ausgabe von 1937 durchaus selten ist, so war diese nicht vollkommen verschollen und ist auch heute noch in mehrfacher Ausfertigung vorhanden. Für diese Arbeit ist die Frage, ob es sich bei den deutschen Ausgaben der 1970er-Jahre nun um eine Rückübersetzung handelte oder nicht, aufgrund der neuen Auflage der Originalfassung zwar nicht entscheidend, sollte an dieser Stelle aber nicht völlig außer Acht gelassen werden.

122 Das Werk wurde in zahlreiche Sprachen übersetzt, u.a. ins Russische, zum ersten Mal von Mirzah Huseynzadeh aus dem Aserbaidschanischen. Die aserbaidschanische Vorlage wiederum wurde aus der Scherz-Version von 1973 übersetzt. Die russische Übersetzung Huseynzadehs wurde Anfang der 1990er in der Zeitschrift „Khazar" zu einem Teil abgedruckt, später als Fortsetzungsroman in der Zeitung „Bakinskij Rabotschij" und vollständig in drei Teilen 1994 in der Zeitschrift „Literaturnyj Aserbaidschan" sowie 2000 in der Zeitschrift „Stil", jedes Mal unterlag die Übersetzung redaktionellen Eingriffen, erst für die Buchveröffentlichung 2003 erfolgte der Abgleich mit dem deutschen Originaltext. Diese Auskunft erteilte der Übersetzer in einem Skype-Interview im Dezember 2016.

keit der Stadt nicht geklärt. „Es hängt also gewissermaßen von Ihrem Verhalten ab, meine Kinder, ob unsere Stadt zum fortschrittlichen Europa oder zum rückständigen Asien gehören soll" [AN, 5], stellt der Professor provokativ in den Raum und löst damit zunächst betretene Stille aus. Bereits am Anfang gelingt es Nussimbaum damit, den Konflikt zwischen Orient und Okzident deutlich aufzuzeigen: Der Professor, der sich für die Zugehörigkeit zu Europa ausspricht, steht einigen Schülern der ethnisch gemischten Klasse, zu der „dreißig Mohammedaner, vier Armenier, zwei Polen, drei Sektierer und ein Russe" [AN, 6] gehören, gegenüber, die für das Verbleiben in Asien plädieren. Zunächst meldet sich der Schüler Mehmed Haidar, der aus persönlichen Gründen „in Asien bleiben möchte", doch als der Professor diesen nach seinen Gründen fragt, schweigt dieser, denn der eigentliche Grund ist die rechtliche Lage, die es ihm möglich macht, „so lange in einer Klasse sitzenzubleiben, als es [ihm] paßte." [ebd.] Sogleich eilt ihm der Protagonist Ali Khan Schirwanschir zu Hilfe und spricht sich ebenfalls für das Verbleiben in Asien, in dem er sich wohlfühle, aus; die Versuche des Professors, daraufhin die Rückständigkeit Asiens zu betonen, scheitern [AN, 6f.].

Dieser Konflikt beschäftigt den Protagonisten auch noch, nachdem es schon zur Pause geläutet hatte und er erzählt davon seiner Cousine Aische und ihrer Freundin Nino Kipiani davon, die „das schönste Mädchen der Welt" für ihn war, und gibt sich „geschlagen", als die Georgierin Nino sich für Europa ausspricht: „Ali Khan, du bist dumm. Gottlob sind wir in Europa. Wären wir in Asien, so wäre ich schon längst verschleiert, und du könntest mich nicht sehen." [AN, 8] Mithilfe dieser Vorgeschichte wird dem Leser nicht nur der frühe Anfang der Liebesbeziehung der Protagonisten aufgezeigt, Nussimbaum stellt dadurch auch sogleich deutlich die gegensätzlichen Positionen der beiden heraus. Nach einem Zeitsprung von fünf Jahren setzt sich die Handlung fort, die (bis auf wenige Ausnahmen) aus der Ich-Perspektive des Protagonisten Ali erzählt wird. Durch die autodiegetische Perspektive werden den Lesern die erzählte Welt und Handlung scheinbar aus erster Hand geschildert, nur die Gedanken des Protagonisten werden von diesem übermittelt, während die Überlegungen der anderen Figuren Spekulationen des Ich-Erzählers bleiben oder durch direkte und indirekte Rede vermittelt werden.

Ali Khan berichtet nach der Analepse knapp über die Veränderungen am Gymnasium, die von ihm in der Zwischenzeit bereisten Länder und die Veränderungen der Stadt. Eines bleibt aber unverändert: „Nino Kipiani war immer noch das schönste Mädchen der Welt.“ [AN, 9] Träumerisch versinkt Ali Khan in Grübeleien über seine bevorstehende Abschlussprüfung und über seine Heimat, er lässt die „Bücher des westlichen Wissens“, das er als „läppisches Zeug, von Barbaren erfunden, um ihre Barbarei zu verdecken“ [AN, 10] bezeichnet, liegen und zieht sich auf das Dach des Hauses zurück, wie es in Baku zu dieser Zeit üblich war und wie es Nussimbaum als Kind womöglich auch selbst getan hat,[123] um seinen Träumereien weiter nachzugehen. Die Zukunftspläne des Protagonisten weisen eine weitere Parallele zum Autor auf – Ali Khan hat vor, nach dem Sommer nach „Moskau ins Lazarewsche Institut für orientalische Sprachen“ [AN, 11] zu gehen, was ihn auch über die Monate „in Zivil“, d.h. ohne die schöne Uniform einer Lehreinrichtung hinwegtröstet. Hier blitzt der Bezug Nussimbaums, der selbst orientalische Sprachen studiert hatte, hervor, ebenso wie in dem später verfassten Roman *Das Mädchen vom Goldenen Horn,*[124] anhand der Protagonistin Asiadeh. Ali Khans Motivation ist jedoch eine andere als die der Studentin oder die des Autors; er sucht sich dieses Studium aus, da er den Russen, die alles „mühselig erlernen müssen“, durch seine Muttersprache einiges voraus hat und zudem motiviert ihn auch die Uniform des Instituts, das für Achtung bei den Russen sorgt und ohne diese Achtung „nimmt [ihn] Nino nicht zum Mann“ [ebd.], so glaubt er, was er aber nicht zulassen will. Für den Fall, dass diese ihn trotzdem nicht heiraten sollte, spinnt Ali Khan bereits einen Entführungsplan zusammen [vgl. ebd.], denn offensichtlich kommt keine andere Frau für ihn infrage. Nach seinen Träumereien über das „Leben“, das „schön

[123] Vgl. Bey, Essad: *Öl und Blut im Orient*, S. 43f. und Bey, Essad: „Lebensläufe von heute: Die Geschichte meines Lebens“, in: *Die literarische Welt*, Nr. 5, 1931, S. 3 (aus dem Nachlass Gerhard Höpps).

[124] Vgl. Kapitel 4.2.

und einfach, vom Dache [des] Hauses in Baku erschien“ [ebd.], gewährt Ali Khan einen Einblick in seine orientalische Einstellung über die Rolle der Frauen, „die die Schatten ihrer Männer sind“ [AN, 12], worauf bei der Betrachtung des Orient-Okzident-Motivs noch näher eingegangen wird. Durch den Blickwinkel seines Protagonisten gibt der Autor im zweiten Kapitel einen Einblick in die Sitten der muslimischen Aserbaidschaner und deren Unverständnis für Europäische Sitten, geschickt verpackt Nussimbaum dies in ein Gespräch zwischen Ali Khan, seinem Vater und dessen Bruder, der zu Besuch gekommen ist [AN, 15ff.]. Zusätzlich erfährt der Leser einiges durch die Gedanken von Ali Khan, die sich um Nino, seine Geburtsstadt und die Sitten der Bewohner drehen – die Bewohner der Innenstadt, die den „Gesetze[n] der Scharia“ [AN, 21] folgen und die der europäisch geprägten Außenstadt, der „Schale“, die die Innenstadt, die „Nuß“ [AN, 19] umgibt.

Die Haupthandlung beginnt mit dem dritten Kapitel, nachdem die Leser die Vorgeschichte der Protagonisten kennen und auch einiges über den besonderen Handlungsort, die Stadt Baku, erfahren haben. Nachdem Ali Khan seine Abschlussprüfung besteht, in der nebenbei durchscheint, dass er von einem alten Geschlecht abstammt [AN, 25], und von seinem Vater einige Ratschläge für sein Erwachsenenleben erhält [AN, 27f.], trifft der Neunzehnjährige sich mit der zwei Jahre jüngeren Nino im Gouverneursgarten der Stadt [AN, 30]. Trotz der vertrauten Nähe der beiden, die sich seit Kindertagen kennen, haben sie grundverschiedene Einstellungen über die Lebensweise, die sie sich vorstellen, was ihrer jeweiligen Erziehung geschuldet ist. So „schmolzen“ für Ali vor Nino „alle Gesetze der östlichen Sittsamkeit“, dennoch hält er an den Sitten seines Volkes fest, während Nino versucht, ihn von der europäischen Lebensweise zu überzeugen, was ihr jedoch nicht gelingt. „Du wirst immer ein Asiate bleiben“ [AN, 31], sagt sie zu ihm nach einer Diskussion über den Harem und die Verschleierung der Frau. Nach der Versöhnung, die nicht lange auf sich warten lässt, und einigen Zärtlichkeiten, bringt Ali seine Nino nachhause und bittet seinen Vater, den Sommer in Karabach verbringen zu dürfen, da Nino im Sommer dorthin fährt [AN, 33]. Bevor es jedoch soweit ist, findet der Abschlussball der Absolventen des Gymnasiums im väterlichen Haus von Alis Mitschüler Iljas Beg statt. Iljas tanzt an Alis statt, der „ungern und schlecht" [AN, 40f.] tanzte, mit Nino, die im „uralte[n] Festtagsgewand einer georgischen Prinzessin" [AN, 40] erscheint, einen „kaukasischen Bergtanz" [AN, 41]. Um die „Symbolik des Liebestanzes", der eine Brautentführung nachstellt, nicht zu sehr herauszufordern, auch wenn Ali „Iljas Beg [...] Nino anvertrauen" kann, da dieser „weiß, was sich gehört" [ebd.], vertauscht Ali dennoch seinen Dolch mit dem seines ehemaligen Klassenkameraden, damit seine „Klinge" am Schluss des Tanzes „Ninos Taschentuch" [AN, 42] durchsticht.

Kurz darauf fährt Ali nach Schuscha und während er noch einige Tage auf Ninos Ankunft warten muss, lässt er sich von den Einwohnern abenteuerliche Geschichten erzählen und fühlt sich „wohl in diesem Märchenland" [AN, 46], in dessen nahe gelegener Umgebung er auch einen Dichterwettbewerb der „Aschuken" miterleben kann, dessen Anfang mit gegenseitigen Beschimpfungen die Leser stark an die Battles der modernen Rap-Szene erinnern mag. Neben der eigentlichen Handlung vermag der Autor auf diese Weise durchgehend durch den Protagonisten die Geschichte, Mythen und Eigenheiten des Kaukasus wiederzugeben, ähnlich wie auch in *Öl und Blut im Orient,* wozu es zahlreiche Parallelen gibt. So taucht beispielsweise auch in *Ali und Nino* der „Kotschi",[125] der „bewaffnete Diener, der [der] Neigung nach Räuber" [AN, 44] ist, auf, sowie das Färben des Bartes[126] als Zeichen der „Erinnerung an das Blut, das der Märtyrer Hussein vor tausend Jahren für den wahren Glauben vergossen" [AN, 13] hat.[127] Eine lange Reihe dieser Parallelen ließe sich hierzu aufstellen, ähnlich wie auch zu dem im Folgenden betrachteten Roman, diese Wiederholungen der Motive sind neben der von Nussimbaum verwendeten Sprache eindeu-

---

[125] Vgl. dazu: Bey, Essad: *Öl und Blut im Orient*, S. 55ff.

[126] Das Motiv kommt bereits in Flüssiges Gold vor, im Kapitel „Ein orientalisches Märchen", das in Wahrheit nicht wirklich ein Märchen darstellt, sondern unter literarischen Kniffen die Vorgeschichte Abdul Hamids und der Auseinandersetzungen um das irakische, ölreiche Mossul wiedergibt, vgl.: Bey, Essad: *Flüssiges Gold. Ein Kampf um die Macht*, Etthofen, Berlin 1933, S. 318.

[127] Bey, Essad: *Öl und Blut im Orient*, S. 169.

tige Belege dafür, dass es sich bei Essad Bey und Kurban Said um ein und dieselbe Person handelt, sodass auch die letzten Zweifel an der Autorschaft von *Ali und Nino* allein dadurch beseitigt sein dürften. Der ebenso wie der Autor und die Heldin Asiadeh des später verfassten Romans *Das Mädchen vom Goldenen Horn*[128] sprachbegabte Protagonist Ali [vgl. AN, 35] feiert nach dem Eintreffen von Ninos Familie im großen Kreis die Adelung der Kipianis, die Ninos Vater „vierundzwanzig Jahre" lang hatte versucht zu erwirken. Während der Feier schleichen sich die Protagonisten in den Wald und es kommt zu einer körperlichen Annäherung zwischen Ali Khan und Nino, die nun endlich eine „Prinzessin" ist, Ali stellt ihr dabei einen unverblümten Heiratsantrag [AN, 55]. Nino äußert eine Reihe von Bedenken, die auf ihrer unterschiedlichen Herkunft gründen und verwehrt Ali das „Ja" bis zum nächsten Jahr, in dem sie das Lyzeum verlassen wird, ohne jedoch auch „Nein" zu sagen [AN, 56]. Der junge Ali Khan gibt sich damit zufrieden, nachdem er all ihre Bedenken relativiert hat, und gibt sich einige Zeit nach dem Gespräch seinen Träumereien über die Hochzeit mit seiner geliebten Nino, die trotz ihrer christlichen Herkunft, „eine gute Frau werden" [AN, 60f.] wird, hin.

Aus diesen Träumereien wird er jedoch durch die Nachricht des vom Zaren erklärten Krieges gerissen [AN, 62], womit der zweite Teil der Rahmenhandlung beginnt: Die bevorstehende russische Revolution, die den Kaukasus und die Stadt Baku im besonderen Maße betraf und in die Nussimbaums Titelhelden verwickelt werden. Diese Kriegsnachricht wühlt Ali sofort auf und er reitet so schnell wie möglich quer durch die Gegend Karabach, die in den späteren Jahrzehnten, bis in unsere Zeit hinein, immer wieder zu einem umkämpften Gebiet werden sollte, um Nino zu sehen, die jedoch mit ihrer Familie bereits abgereist ist und Ali Khan einen Brief hinterlassen hat. Zunächst ärgert er sich über die überstürzte Abreise aufgrund des Krieges, der ihn „und Nino wenig anging", da dieser nicht in ihrem Land stattfand, beruhigt sich jedoch gleich wieder und sieht ein, dass seine Nino, „ganz richtig ge-

[128] Vgl. Kapitel 4.2.

handelt“ hatte und ihrer Pflicht als „gute Tochter“ [AN, 66] gerecht geworden war. Beunruhigt über den Krieg und die damit ausgelöste Stimmung im Land kehrt Ali Khan nach der Aufforderung seines Vaters [AN, 68] wieder zurück nach Baku. Die Beunruhigung fällt während der Reise nicht von ihm ab, aber er entscheidet sich dafür, nicht wie sein Kotschi in den Krieg zu ziehen, der ihn nichts angeht, sondern stattdessen in der Heimat zu bleiben, um für die „Gefahr“, die er heranziehen spürt und „die größer ist als alle Eroberungszüge des Zaren“ [AN, 74], gewappnet zu sein. Und an dieser Entscheidung hält Ali Khan Schriwanschir fest, selbst als sein Vater einen Feigling in ihm vermutet [AN, 76 ff.], Nino ihn fragt, ob er Angst vor dem Krieg habe [AN, 82] und seine Freunde, die wie viele andere junge Leute von der „Kriegslust“ [AN, 78] ergriffen wurden, ihn verspotten.

Alis Weigerung zu den Waffen zu greifen, um für den Zaren in den Krieg zu ziehen, wird belohnt, als „der Sultan des Hohen Ottomanischen Reiches Memed V. Raschid“ in den Krieg gegen die „Welt des Unglaubens“ [AN, 90] zieht. Die Weitsicht des jungen Schirwanschir wird gelobt, und er wird nun von seinen übereilig in die Armee des Zaren eingetretenen Freunden beneidet, da sie nicht auf der Seite der Türken kämpfen können, sobald diese in Baku einziehen würden [AN, 91]. Während die politische Lage sich immer weiter zuspitzt, entschließt Ali Khan sich dazu, sich endlich mit Nino zu verloben. Zunächst befragt er seinen Schulfreund Seyd Mustafa, der aufgrund seiner Frömmigkeit in einigen Jahren sicher „Imam“ [AN, 94] werden würde und den die positive Gesinnung seiner schiitischen Mitbrüder gegenüber den sunnitischen Türken sehr mitnimmt [AN, 92 ff.], um Rat. Dieser erklärt ihm, dass nichts der Heirat mit einer Georgierin entgegenstehen würde, schließlich sei die „Frau nur ein Acker“ [AN, 95], und obwohl Nino ihn nicht leiden könne, gibt er Ali Khan den Segen. Gleich darauf bittet Ali Khan auch seinen Vater Safar Khan um den Segen, den er ebenfalls bekommt, inklusive praktischer Ratschläge für die Ehe, bei denen allen Feministinnen und Feministen sicher die Haare zu Berge stehen. Nachdem sein Vater ihm entgegen der Behauptung Seyd Mustafas [AN, 95] mitgibt, nur die Frau müsse den Mann lieben und nicht umgekehrt [AN, 101], hält Ali Khan bei Ninos Vater um ihre Hand an; der Fürst Kipiani lehnt jedoch aufgrund von Ninos Alter und den kulturellen Unterschieden ab und bittet ihn „das Ende des Krieges“ [AN, 105] abzuwarten.

Bestürzt und verärgert über die Ablehnung erzählt der Protagonist dem Armenier Melik Nachararjan,[129] der mit ihm und Nino einst nach einem Opernbesuch über den Krieg und die „drei größten Völker Kaukasiens“ [AN, 86] diskutierte und der für die gemischte Ehe ist [AN, 109], von der Ablehnung seines Antrags. Sofort ist Nachararjan bereit, Ali zu helfen und setzt sich für ihn bei dem Fürsten ein, worüber Ali überrascht und erfreut ist und was ihn über den „blinden Haß“ der Mohammedaner „gegen die Armenier“ [AN, 107] staunen lässt; so verwirft er auch seinen Plan, Nino zu entführen [AN, 106]. Nach vielen Besuchen im Hause Kipiani erwirkt Nachararjan tatsächlich, dass der Fürst der Verlobung zustimmt, unter der Bedingung, dass Nino zunächst die Schule fertig macht und nicht in den „Harem“ [AN, 110] gesteckt wird. Ali Khan Schirwanschir kann sich nun mit Prinzessin Nino Kipiani ohne Bedenken treffen und wird von ihrem Vater sogar nach Tiflis eingeladen, um die Verwandtschaft der Kipianis kennenzulernen [AN, 111]. Ali erkennt dort, dass Georgien, das er als Ninos Land bezeichnet [AN, 132], noch nicht Europa, aber auch „so anders als das übrige Asien“ [AN, 118] ist und sich „zwischen zwei Scheren einer glühenden Zange“ [AN, 122] befindet. Auch Nino fühlt die Zerrissenheit und ängstigt sich vor der Liebe zu Ali Khan, da die Heirat mit ihm gleichbedeutend der Aufgabe ihrer georgischen Wurzeln ist, doch letztlich kommt es nach einer erneuten Diskussion wieder zur Versöhnung [AN, 126ff.].

Unterdessen gewinnt die Armee des Zaren Oberhand und es kommt im Hause von Safar Khan zu einer Versammlung der Ölmillionäre, um

[129] Der Nachnahme der Figur leitet sich aus der Bezeichnung für armenische Feudale ab. In *Der Kaukasus* beschreibt Nussimbaum, die „Zersplitterung des Volkes durch die Nachararenherrschaft“, in ironischer Weise gibt er dem Armenier Melik, der im Laufe der Handlung für eine Entzweiung sorgt, den entsprechenden Nachnamen. Vgl. hierzu: Bey, Essad: *Der Kaukasus. Seine Berge, Völker und Geschichte*, Deutsche Buchgemeinschaft, Berlin 1925, S. 9ff.

über die Lage zu beraten. Nachdem diese beendet ist, besucht Ali Khan, besorgt über die Lage des Landes, seine Freunde Iljas Beg und Memed Haidar in der Kaserne und erfährt von dem plötzlich hineinstürmenden Seyd Mustafa, dass Nachararjan, den er an seiner statt mit Nino in die Oper geschickt hatte und für einen „wahre[n] Freund“ [AN, 134] hält, seine Braut entführt hat [AN, 142]. Wutentbrannt folgt Ali Khan dem Entführer und Nino, in Begleitung seiner Freunde und imaginiert währenddessen die Worte Nachararjans, die teils seiner Fantasie und teils den Berichten Seyd Mustafas entspringen. Der Verrat sitzt tief, die Nähe der kaukasischen Völker zueinander ist durch die politische Lage gefährdet und Nachararjan hatte „die Folgen“ [AN, 145] gewittert, weshalb er Nino, in die er offensichtlich verliebt ist, „den Klauen Asiens“ [AN, 143] zu entreißen versucht. Ali Khan denkt nun, „es gibt keine Brücke zwischen Ost und West, auch nicht die Brücke der Liebe“ [AN, 145 u. 146], dieser Satz begleitet ihn den ganzen Weg über. Endlich, als er das Auto des Armeniers einholt und es zum Stehen bringt, verletzt er Nachararjan zunächst und tötet ihn dann auf brutale Weise [AN, 147ff.]. Seine Nino verschont er, auch wenn seine Freunde ihn darauf hinweisen, dass er das volle Recht hätte, auch sie umzubringen [AN, 150f.].

Als ein „Kanly“, der „Blutrache“ [AN, 155] ausgesetzt,[130] schickt Ali Khans Vater ihn nach „Daghestan [!] […], in ein Aul“ [AN, 156], ein Dorf, um ihn zu schützen. Durch den Besuch des jungen Bekannten Arslan Aga aus Baku, erfährt Ali Khan, dass Nino nach dem Vorfall lange krank gewesen war, nun überwiegend in russischen Kreisen verkehrt und angeblich „einen Hund angeschafft“ hat, den sie jeden Tag „prügelt“ [AN, 166]. Arslan Aga, der einen Hang zum Lügen hat, ist es auch, der Nino nach seiner Rückkehr in die Stadt berichtet, dass Ali sie töten wolle [AN, 169], woraufhin sie zu Ali Khan reist und ihm eingesteht, dass sie freiwillig mit Nachararjan gegangen war, was sie nun als Fehler einräumt [AN, 170]. Die offene „Wahrheit“ und die Liebe zu Nino, bringen Ali Khan dazu, sie auf der Stelle zu heiraten [AN, 171].

---

[130] D.h. die Angehörigen Nachararjans können sich jederzeit an ihm rächen.

Die beiden verbringen daraufhin die erste Zeit ihres Ehelebens in dem beschaulichen Dorf, fernab vom Krieg, bis die Nachricht über die Revolution sie erreicht und sie sich wieder zurück nach Baku begeben. In der Stadt finden sie chaotische Verhältnisse vor und die Suche nach einem „friedlichen Land“ ist erfolglos. Bestürzt stellen die Protagonisten fest, dass sie „in der Mausefalle“ [AN, 179] sitzen. Nach einem Angriff der Russen auf die Stadt und der Niederlage, die Ali Khan besonders hart trifft, fliehen er, Nino, die mittlerweile ein Kind trägt, sein Vater und Seyd Mustafa mit einem Segelboot nach Teheran, zum Bruder Safar Khans [AN, 189ff.].

Nach der Flucht ruhen sich die ermüdeten Protagonisten in dem Harem aus, den Alis Onkel ihnen zur Verfügung stellt, und Nino beginnt gleich darauf gegen die „komischen Sitten“ [AN, 200] Persiens zu verstoßen und gefährdet dadurch immer wieder die „Ehre des Hauses Schirwanschir“ [AN, 201]. Nino langweilt zudem das eingeschränkte Leben der Frau in Persien, und Ali Khan, der sich im sterbenden Persien [AN, 211] wohl fühlt, vermag nichts daran zu ändern. Ninos Unglück und die Sehnsucht nach der Heimat bringen Ali dazu, den Vorschlag seines Onkels, in Teheran zu bleiben, abzulehnen [AN, 215f.]. Doch die politische Lage Bakus lässt eine sofortige Rückkehr nicht zu, denn die Stadt ist umstellt von englischen und russischen Truppen [AN, 222]. Während sie darauf warten, dass türkische Truppen in Baku einmarschieren, fühlt Nino sich „entehrt“ [AN, 226] und ist entsetzt von Alis Teilnahme am Umzug der sich selbst bis aufs Blut zu Ehren des Märtyrers Hussein Geißelnden [AN, 232f.].

Erst als die Rückkehr nach Baku endlich möglich wird, blüht die Protagonistin wieder auf und richtet das verwüstete Haus in Baku wieder her – allerdings im europäischen Stil [AN, 237]. Dies erweist sich als Vorteil, als die türkischen Truppen sich aufgrund ihrer Niederlage, zurückziehen und „Neuseeländer, Kanadier und Australier“ [AN, 242] in die Stadt einziehen. Ali Khan wird zum „Attaché im Dezernat für Westeuropa“ [AN, 244] ernannt, was seine und Ninos Sprachkenntnisse begünstigen. Nino wird ihrer Rolle als Gastgeberin für die englischen Offiziere und ihre Frauen vollends gerecht, auch wenn sie mit ihrem Mann, der sich schwer mit der Einfügung in die europäische Gesellschaft tut, mitfühlt [AN, 247]. Ali Khan spielt jedoch mit, der Anerkennung der „Selbständigkeit“ Aserbaidschans „durch England“ [AN, 249] wegen. Während die englischen Truppen sich in Aserbaidschan befinden und das Land „von den europäischen Mächten als selbständig anerkannt“ [AN, 260] wird, kommt Alis und Ninos Tochter Tamar zur Welt [AN, 258]. Ali Khan macht sich aber zunehmend Sorgen, da die Engländer bald abziehen. Während ihres Sommeraufenthalts in Gandscha erfahren die Protagonisten, dass Baku von russischen Truppen besetzt wurde [AN, 264]. Ali Khan schickt Nino nach Tiflis und kämpft selbst an der Brücke von Gandscha; noch kurz vor seinem Tod zeichnet er die letzten Geschehnisse auf [AN, 265]. Der Leser erfährt aus einer Notiz seines Freundes Iljas Beg, der überlebt, dass Ali Khan im Kampf gefallen ist und seine Aufzeichnungen seiner Frau gebracht werden sollen [AN, 271f.].

Der tragische Ausgang der Handlung, die bis kurz vor Schluss vom Protagonisten selbst erzählt wird, der ähnlich wie der Autor selbst, in seinen letzten Aufzeichnungen, gegen die Zeit anschreibt[131] und versucht die „Vergangenheit noch einmal fest[zu]halten“ [AN, 265], kann sinnbildlich für den Untergang des Orients in Baku gesehen werden, auf dieses Motiv wird jedoch später noch genauer eingegangen. Für die Analyse der Motive von Orient und Okzident und der Transkulturalität im Werk Nussimbaums müssen noch die beiden Romane *Das Mädchen vom Goldenen Horn* sowie *Liebe und Erdöl* betrachtet werden, um anschließend eine Beziehung zwischen den Motiven und Figuren herzustellen, die für die geplante Analyse von Bedeutung sind.

4.2 Das Mädchen vom Goldenen Horn

Der Roman *Das Mädchen vom Goldenen Horn* ist erstmals 1938 unter Nussimbaums Pseudonym Kurban Said erschienen. 1973 wurde der Roman durch den Verlag Kurt Desch neu aufgelegt,[132] versehen mit

---

[131] Vgl. Kapitel 3.

[132] Said, Kurban: *Das Mädchen vom Goldenen Horn*, Verlag Kurt Desch, 1973; im Text abgekürzt als GH.

einem Vorwort von Umar Rolf Ehrenfels, dem Freund des Autors und Ehemann der Baronin Elfriede von Ehrenfels-Bodmershof. Ebendiese Ausgabe wird zu der vorliegenden Arbeit herangezogen, es gibt jedoch auch Neuauflagen, die neusten sind zum einen eine Taschenbuchausgabe von 2002[133] und zum anderen eine weitere Neuauflage von 2009.[134] im Gegensatz zu *Ali und Nino* bestehen jedoch kaum redaktionelle Eingriffe im Vergleich zur Ausgabe von 1973, weshalb letztere als älteste zugängliche Textversion, in dieser Arbeit zitiert wird.

Bemerkenswert ist auf den ersten Blick, dass dieser Roman bereits ein Jahr nach der Veröffentlichung von *Ali und Nino* erschienen ist, zu welchem Zeitpunkt der Autor diesen Roman tatsächlich verfasst hat und welchen Zeitraum das Schreiben eingenommen hat, lässt sich zwar anhand der Erscheinungsjahre nicht ganz nachvollziehen, dennoch ist anzunehmen (auch aufgrund des kurzen Lebens des Autors), dass beide Romane in einer eher kurzen Zeitspanne entstanden sind.

Wie bereits in *Ali und Nino* greift Nussimbaum auch in *Das Mädchen vom Goldenen Horn* ähnliche Motive auf, zentral ist auch hier das Motiv des Zusammentreffens von Orient und Okzident. Wobei beim jüngeren Roman auch ein Motivbezug zu dem Roman *Aziyadé* (1879) von Pierre Loti (1850–1923) besteht, der als eine Art Vorlage für *Das Mädchen vom Goldenen Horn* gedient haben könnte.[135] Die Handlung, die durch den heterodiegetischen Erzähler wiedergegeben wird, beginnt in medias res: Die Protagonistin Asiadeh befindet sich in einem Seminar für vergleichende türkische Sprachforschung [GH, S. 8] an der Berliner Universität, umgeben von Philologen, deren wichtigster Lebensinhalt die Erforschung alter Handschriften ist. Auch Asiadehs Leben dreht sich überwiegend darum. Den anderen Teil ihres Alltags verbringt sie mit ihrem Vater Achmed-Pascha, einem ehemaligen

[133] Said, Kurban: *Das Mädchen vom Goldenen Horn*, Ullstein List Taschenbuchverlag, München 2002.

[134] Said, Kurban: *Das Mädchen vom Goldenen Horn*, Verlag H.-J. Maurer, Freiburg 2009.

[135] Samsami, Behrang: „Vorwort zu *Das Mädchen vom Goldenen Horn*: ‚Herausgesprungen aus Tausendundeinernacht'", in Said, Kurban: *Das Mädchen vom Goldenen Horn*, Verlag H.-J. Maurer, Freiburg 2009, S. 13f.

kaiserlichen Minister [GH, 24], und mit Grübeleien über die verlorene Heimat. „Ihr romantischer Sinn“ [GH, 12] entführt sie dabei nicht nur zurück in die verlorene Heimat, in das untergegangene Osmanische Reich, sondern auch in die Vergangenheit, in fremde, unbekannte Welten. Ihre Imaginationskraft scheint keine Grenzen zu kennen, denn die „grauen Gesichter der Passanten“ auf den Straßen von Berlin lassen vor ihrem inneren Auge das Bild „ehemalige[r] U-Boot-Kapitäne, die verwegene Fahrten zur Küste Afrikas unternahmen“ aufsteigen, deren „harte[...] und blaue[...] Augen wehmütige Erinnerungen an die Schlachtfelder von Flandern, an die Schneewüsten Rußlands [!] und den glühenden Sand Arabiens“ [ebd.] widerzuspiegeln scheinen. Selbst ihr eigener Anblick im Spiegel regt ihre Fantasie an: Ihre hellen Augen und blonden Haare erinnern überhaupt nicht an ihre „robusten Ahnen“ [GH, 8], die scheinbare Erinnerung an diese und die tatsächliche Erinnerung an die verlorene Heimat, an die „süßen Gewässer von Istanbul und an das Haus am Bosporus mit Marmorhöfen“ [GH, 11], sind schmerzhaft für die junge Frau, die in Berlin eine Zuflucht, aber keine neue Heimat gefunden hat.

Das Studium der Sprachen ist zu diesem Zeitpunkt ihr einziger Trost, bis sie, nachdem sie eine Halsentzündung bekommt, einen Arzt an der Universität aufsucht. Der Arzt Dr. Alexander Hassa, der bereits beim ersten Anblick Asiadehs Interesse an dem „Mädchen“ [GH, 15] gewinnt und sich sogar erhofft, ihre Krankheit würde eine „längere Behandlung“ [ebd.] erfordern. Asiadeh, die durchgehend als „Mädchen“ [GH, 27], „kindlich“ [GH, 193] und „ganz jung“ [GH, 142] beschrieben wird, obwohl sie ungefähr zwanzig Jahre[136] am Anfang und einundzwanzig Jahre alt [GH, 193] am Ende der Handlung ist, fällt Hassa trotz ihres angeschlagenen Zustandes ebenfalls besonders auf, da er „ganz anders als die geheimnisvollen U-Boot-Kapitäne oder wilden Fischer vom Ufer der namenlosen Flüsse“ [GH, 17] aussieht. Fasziniert von

[136] Asiadeh sagt selbst: „Ich war fünfzehn Jahre alt, als wir Istanbul verließen“ [GH, 71] und „Fünf Jahre habe ich mich nach einer Landschaft gesehnt, die der Heimat ähnlich ist.“ [GH, 80], was darauf schließen lässt, dass die Protagonistin ungefähr zwanzig Jahre alt ist.

Asiadeh, versucht Hassa seinen Ballast aus der Vergangenheit und die schlechte Erfahrung mit seiner Exfrau Marion [vgl. GH 15, 33, 45f.] hinter sich zu lassen und trifft Asiadeh in der Mensa [GH, 26]. Beim Essen lernen sie sich näher kennen, wobei Asiadeh klar herausstellt, keine „Prinzessin" mehr zu sein und auch nicht so genannt werden will [GH, 27]. Dass sie diese Bezeichnung schmerzlich an die Heimat und den verlorenen Verlobten „Prinz Abdul-Kerim" [ebd.] erinnert, verschweigt sie Hassa, ebenso wie er ihr seine Vergangenheit vorenthält [GH, 28].

Gleich daraufhin unternehmen sie zusammen einen Ausflug an den „Stölpchensee" [GH, 29] und Asiadeh sieht nicht nur zum ersten Mal einen „beinahe nackten Mann" [GH 31], sondern muss auch selbst zum ersten Mal einen Badeanzug tragen, was ihr überhaupt nicht behagt [GH, 30ff.]. Während ihres Gespräches stellt sich heraus, dass Hassas Familie eigentlich aus Sarajewo stammt [GH, 33] und muslimische Wurzeln hat [GH, 34], was ihn für Asiadeh etwas attraktiver macht, wenn er auch „über ihre Welt spottete" [ebd.]. Am Ende des Ausflugs tritt Hassa jedoch in ein noch größeres Fettnäpfchen, indem er Asiadeh küsst, wofür sie ihn ohrfeigt [GH, 36f.].

Kurz danach fragt Asiadeh ihren Vater während einer Feier im Orientclub, was er mit einem Mann machen würde, der es gewagt hätte, sie zu küssen. Ihr Vater, der sehr stolz auf seine Tochter ist, die er „gut erzogen hatte" [GH, 39], erwidert, dass er demjenigen „die Lippen abschneiden würde", woraufhin die beiden beginnen, abstrakte und nicht ernst gemeinte Heiratspläne für Asiadeh zu schmieden [GH, 42]. Hassa hingegen, der die Ohrfeige nicht vergessen kann, sucht unterdessen nach dem Haus, in dem Asiadeh mit ihrem Vater wohnt, und fängt sie schließlich auf dem Rückweg von der Feierlichkeit ab [GH, 46], woraufhin es zur Versöhnung kommt [GH, 48]. Asiadeh merkt dann, „daß sie sich in Hassa hoffnungslos verliebt hatte." [GH, 49] Hassa, der seine letzte Frau an einen Psychoanalytiker verloren hatte, ist erfreut zu hören, dass Asiadeh nichts von der Disziplin der Psychoanalyse hält [vgl. GH, 51] und unternimmt einen erneuten Ausflug mit ihr, diesmal verhält er sich jedoch ihr gegenüber zurückhaltend, auch wenn es ihm schwer fällt.

Daraufhin kreisen Asiadehs Gedanken immer öfter um Hassa, was sie als „Unglück“ empfindet und weshalb sie sich wünscht, auch in Deutschland einen Schleier getragen zu haben [GH, 56]. Schließlich schreibt sie dem Prinzen, dass er sie entweder aus ihrem Heiratsversprechen entlassen oder sie zu sich holen solle [vgl. GH, 58] und schickt den Brief an die türkische Regierung, im Bewusstsein, dass dieser wahrscheinlich nie ankommen wird [GH, 59]. Doch das Absenden des Briefes löst in ihr eine gewisse Erleichterung aus und sie spricht mit Hassa bereits über eine Hochzeitsreise [GH, 60]. Kurz darauf erkundigt sich ihr Vater bei einem Kaufmann aus Sarajewo im Café „Watan“ über Hassas Familie [GH, 62f.], gibt Hassa seine Zustimmung zur Heirat mit seiner Tochter [GH, 67] und führt mit Asiadeh ein ausführliches Gespräch über die Ehe [GH, 71ff.].

Unterdessen erhält Asiadeh eine Antwort vom Prinzen, der in New York [GH, 64] als Drehbuchautor arbeitet und nun John Rolland heißt. Auf Umwegen hatte er den Brief tatsächlich erhalten, obwohl er seinen Agenten bat, alle Briefe, die sich an ihn als Prinzen richten, zu vernichten [GH, 66]. Er entlässt Asiadeh in seiner Antwort aus ihrem Heiratsversprechen und unterschreibt den Brief nicht einmal, da es den Prinzen nicht mehr gibt und dieser daher auch nicht unterschreiben kann [GH, 67].

Asiadeh und Hassa brechen zu ihrer Reise nach Bosnien auf, wo sich immer wieder herausstellt, dass Hassa dem Orient und damit seinen Wurzeln sehr abgeneigt ist [vgl. GH, 75], was Asiadeh sehr zusetzt. Doch als er einem kranken Derwisch, einem „heiligen Mann“ [GH, 91], durch eine Operation das Leben rettet [GH, 96ff.], steigt er in Asiadehs Ansehen wieder, denn sie war „nicht mehr die Tochter eines Paschas, sondern die Frau eines Mannes [...], der den Tod besiegen konnte.“ [GH, 102]

Zwischenzeitlich tritt ihr Vater aus finanzieller Notwendigkeit die Arbeit in einem Teppichladen an [GH, 81]. Das Leben des ehemaligen Prinzen, John Rolland, geht hingegen zunächst seinen gewohnten Gang. Er verdient weiterhin seinen Lebensunterhalt mit Drehbüchern, dank seiner „Phantasien“ [GH, 86] ist er auch sehr erfolgreich, und wodurch auch sein griechischstämmiger Agent, Sam Dooth, ordentlich mitverdient. Auf einer Schiffsreise nach Casablanca geht es John Rolland jedoch nicht besonders gut, „Weltschmerz“ [GH, 118] fällt über ihn, die erneute Berührung mit der orientalischen Kultur führt schließlich zu einem Ausraster [GH, 122], und auch sein Alkoholkonsum wird immer beunruhigender. Sein Agent, der sowohl mit Johns Träumereien als auch mit der orientalischen Kultur vertraut ist und nachvollziehen kann, woraus die Stimmungen des ehemaligen Prinzen resultieren, will ihn nach Europa bringen, um eine Heilung herbeizuführen. In Berlin angekommen, trifft John im Teppichladen auf Achmed-Pascha, der nun bereut, Asiadeh bereits verheiratet zu haben und sich bei ihm dafür entschuldigt [GH, 128]. John beschließt nach dem langen Gespräch, aus einer unempfindlichen Laune heraus, mit Sam Dooth, den er „Perikles“ [GH, 133] nennt, nach Wien zu reisen, wo Asiadeh mit Hassa nun wohnt.

Zurück von der Hochzeitsreise, muss Asiadeh sich an ihr neues Leben gewöhnen und verspricht Hassa, den der Betrug in seiner ersten Ehe geprägt hat, immer wieder die Treue [GH, 105]. Es fällt ihr jedoch sehr schwer, sich in ihre neue Rolle einzufügen, die Menschen in Hassas Umgebung bringen sie immer wieder zum Staunen und erzeugen Unverständnis [vgl. GH, 112]. Auch die Worte, die ihr sonst so viel Trost gespendet und Halt geboten haben, verlieren für Asiadeh „ihren magischen Reiz“ [GH, 134]. Sie wünscht sich Kinder, doch ihr Ehemann „fürchtete sich vor den Kindern“ [GH, 135], weshalb er ihr ausredet, welche zu bekommen. Asiadeh fühlt, „daß sie keine Türkin mehr war“ [GH, 139] und versucht weiterhin sich in die neue Welt einzufügen. Auf einem Ausflug, auf dem sie anstatt von Hassa, von seinem Freund Dr. Kurz begleitet wird, begegnet sie Marion [GH, 139] und flüchtet sogleich vor ihr. Auf dem überstürzten Rückweg verursacht sie einen Autounfall. In dem Auto, das sie anfährt, sitzen der Prinz und sein Agent; um wen es sich handelt, weiß Asiadeh jedoch nicht, und auch die beiden Männer wissen zu diesem Zeitpunkt nicht, wer die junge Frau ist, die ihre Entschuldigung nicht annimmt und sie als „Zigeunerbande“ [GH, 141] beschimpft. Ihre Wege trennen sich und die beiden Männer fahren zum Hotel, aus dem Asiadeh geflüchtet war und suchen nach einer „Frau Dr. Hassa“ [GH, 142]. Diese finden sie auch, doch als John Rolland glaubt, Asiadeh vor sich zu haben und sie auffordert, ihre Sachen zu packen, da er sie mitnehmen wolle [GH, 143], kommt heraus, dass es sich um Marion handelt. Hassas Exfrau holt sogleich auch Dr. Kurz zu Hilfe, der den Prinzen für geisteskrank befindet [GH, 144]. Sam Dooth kann jedoch seinen Freund aus der misslichen Lage befreien und verspricht ihm, „morgen zu der richtigen Asiadeh" [GH, 145] zu gehen.

Am nächsten Tag erinnert Sam sich daran, wie er vor „sechs Jahren [...] den zerlumpten und hungernden John in einer Spelunke [...] entdeckt [...] und sofort eine Chance gewittert" [GH, 146] hatte. Da der übermäßige Alkoholkonsum Johns ihm immer mehr Sorgen bereitet, besteht seine Hoffnung darin, dass eine „gute Frau" [ebd.] dies vielleicht ändern könnte. Daraufhin überredet er Asiadeh, sich mit John Rolland zu treffen [GH, 147]. Bereits beim ersten Anblick der jungen Frau beschließt der ehemalige Prinz, dass Asiadeh seine Frau werden soll [GH, 149]. Sie hingegen hält ihn zunächst für einen Hochstapler [GH, 152], nach einem ausführlichen Gespräch fügt sie sich jedoch seinem Willen und ist bereit, mit ihm zu gehen [GH, 154].

Zurück bei ihrem Ehemann beginnt sie jedoch zu zweifeln [GH, 156] und will nicht „wie Marion" [GH, 157] sein, die Hassa für einen anderen Mann verlassen hatte. Nach langer Überlegung beschließt sie, bei Hassa zu bleiben und wehrt alle hartnäckigen Bemühungen des Prinzen und seines Freundes ab, die sie vom Gegenteil zu überzeugen versuchen [vgl. GH 165f.]. John Rolland ist davon sehr enttäuscht, sollte Asiadeh doch seine Heimat werden [GH, 164], und fährt mit seinem Agenten nach Libyen, wo einer seiner Filme gedreht werden soll. Einen letzten Versuch unternimmt Sam Dooth jedoch noch, um seinem Freund zu helfen und fragt Hassas Ärztefreunde über diesem aus [GH, 169], um Asiadeh all das, was er erfahren hat, zu erzählen und ihn schlecht darzustellen, damit sie doch noch mit John Rolland geht. Doch auch das nützt nichts – Asiadeh bleibt bei ihrem Ehemann [vgl. GH, 170f]. Und auch ihr Vater kann nichts mehr an ihrer Entscheidung ändern [GH, 172].

Während der Prinz über Rom weiter nach Libyen reist und mit Asiadeh mithilfe von Telegrammen in spärlichem Kontakt bleibt [GH, 178], fängt Hassas Freund Dr. Kurz an, zu glauben, dass es in der Ehe seines Freundes kriselt und gibt daraufhin einen Empfang, zu dem er die Eheleute einlädt [GH, 183ff.]. Auf diesem Empfang kommt er Asiadeh zu nahe, die sich heftig wehrt [GH, 187] und woraufhin sie Hassa auffordert, Dr. Kurz zu töten [GH, 188]. Als dieser ihrer Bitte nicht nachkommt und seinem Freund sogar noch hilft, ist sie sehr enttäuscht [GH, 191]. Es kommt zu einem innerlichen Konflikt der Protagonistin, die sich in der fremden Welt, trotz aller Bemühungen, nicht einfinden kann [GH, 192f.]. Ein zufälliger Fund in der Bibliothek, das „Buch der Belehrung“ [GH, 195], das von einem orientalischen Ritter „Usama ibn Munkyz“ [GH, 194] geschrieben wurde und die Sitten der „Franken“ zu erklären versucht, bringt dann die Wende. Die Beschreibungen des seltsamen Verhaltens der Franken zeigen Asiadeh auf, dass es „schon damals“ so war und sie fängt an zu begreifen, dass es „nicht Hassas Schuld“ [GH, 198] war, dass er nicht so eifersüchtig war und sie nicht rächen wollte, wie sie es von den Männern ihres Kulturkreises erwarten konnte. Doch sie weiß nun auch: „Hassa war nicht der Mann, der der Vater ihrer Kinder sein könnte.“ [ebd.]

Währenddessen fängt John Rolland in der Wüste an, sich in seiner Verzweiflung Gott zuzuwenden [GH, 202f.] und erregt damit Sams Besorgnis, der sich damit sogleich mit der Bitte um Hilfe an Asiadeh wendet [GH, 209]. Sie lässt ihm wiederum über ein Telegramm mitteilen: „Sein Haus wird gebaut.“ [GH, 205] Die junge Frau tüftelt daraufhin einen Plan aus, wie sie sich aus ihrer Ehe befreien kann, ohne ihren Mann zu verletzen. Dazu kommt ihr seine Exfrau Marion, die sie auf einer Faschingsfeier trifft [GH, 221] und die selbst bereits anfängt über ihr „verpfuschtes Leben“ [GH, 199] zu grübeln, sehr gelegen. Unter der Maske der Unschuld, bittet Asiadeh Marion, sich ab und an mit ihr zu treffen, um über Hassa zu sprechen [GH, 225]. Ihr Plan geht auf, Marion hält sie für harmlos und einfältig, sie stimmt zu und trifft sich mit Asiadeh in einem Café [GH, 228]. Nach und nach bringt sie Marion geschickt immer näher zu Hassa, zunächst auf einem Ausflug [GH, 234] und schließlich als Ordinationsschwester, indem sie, wie Hassa glaubt „kindlicherweise“ [GH, 236], seine frühere Schwester darauf hinweist, dass sie aufgrund einer Erbschaft nicht mehr zu arbeiten braucht. Und auch die Ersatzschwester, die Dr. Kurz Hassa schickt, taugt nichts, sodass Asiadeh schließlich Hassa davon überzeugen kann, Marion um Hilfe zu bitten [GH, 243f.]. Für Asiadeh war es „schwer, das Luxusweibchen zu sein" [GH, 239], das ihrem Mann angeblich bei seiner Arbeit in der Praxis, im Gegensatz zu Marion, nicht behilflich sein konnte, doch um ihren Plan umzusetzen, hält sie an dieser Rolle fest.

Kurz darauf kommen John Rolland und Sam Dooth nach Wien und treffen auf einem Ball Asiadeh und ihren Mann, wobei Asiadeh geschickt einfädelt, dass auch Marion wieder mit dabei ist [GH, 249]. Es kommt zu einem Wortgefecht über den Orient und die westliche Welt zwischen John und Hassa [GH, 252f.] und Asiadeh sagt zu Rolland, dass an seinem Haus „nur noch ein Stein" [GH, 256] fehle. Diesen „Stein" setzt sie auch sogleich bei der Verabschiedung, in dem Sie dem Prinzen auf Türkisch zuruft, dass Dr. Kurz, der sich in ihrer Gesellschaft befindet, sie belästigt hatte, woraufhin John Rolland auf den Psychoanalytiker losgeht [GH, 257f.].

Zur Auflösung kommt es im letzten Kapitel, in dem Asiadeh Hassa und Marion belauscht: Ihr Ehemann beschwert sich bei seiner Exfrau über seine Ehe und schließlich erwischt Asiadeh die beiden beim Küssen in Hassas Behandlungszimmer [GH, 262], was die Leser retrospektiv durch Asiadehs Wiedergabe, in Form eines Briefes an ihren Vater, erfahren. In diesem Brief wird auch der glückliche Ausgang für beide Paare beschrieben und als göttliche Fügung dargestellt. Geschickt hält der Autor hier seine Erzählerfigur heraus und lässt alles Asiadeh erzählen, was das glückliche Ende zusätzlich zu unterstreichen vermag.

Dieser Wechsel der Perspektive fällt aber nicht aus dem Rahmen dieses Romans, denn auch im Verlauf der gesamten Handlung wechseln die Erzählperspektiven; der meist allwissende Erzähler gibt immer wieder Auskunft über die Figuren, und zwar aus ihrem eigenen oder einem fremden Blickwinkel heraus und gewährt den Lesern darüber hinaus auch einen Einblick in die Gedanken der Figuren, ohne jedoch dabei die Spannung zu zerstören. Dies gelingt Nussimbaum, indem er seinen allwissenden Erzähler zuweilen manches verschweigen lässt, die Nullfokalisierung wird zeitweilig auf die interne Fokalisierung reduziert, so ist beispielsweise nicht ganz klar, inwieweit Asiadeh Hassas Ersatzschwester sabotiert. Durch die immer wieder auftauchenden Bezüge zu Schicksal [GH, 194] und Gott, die sich bis zum Schluss durchziehen [GH, 263], wird besonders deutlich, dass die Erzählerfigur mehr zur orientalischen Seite neigt bzw. dass der Erzähler den überwiegenden Teil der Handlung aus der Perspektive der Protagonistin, ihrem Vater und dem Prinzen Abdul-Kerim heraus darstellt. Genauer wird hierauf noch im späteren Verlauf unter der Betrachtung des Orient-Okzident-Motivs eingegangen. Erwähnenswert an dieser Stelle erscheinen jedoch zudem die Parallelen zum Leben bzw. zu den Erfahrungen des Autors. Dazu gehören nicht nur der Verlust der Heimat und das Sichzurechtfinden in einer fremden Welt, was Lev Nussimbaum persönlich durchlebt hatte, sondern beispielsweise auch Asiadehs Fähigkeit sich anzupassen. Außerdem fällt hier auch die Parallele der „gestohlenen Frau“ auf. Marion verlässt Hassa für einen Psychoanalytiker, was er nur schwer verkraften kann, ganz so wie Lev Nussimbaum selbst, dessen Ehefrau Erika ihm durch den Verfasser zahlreicher Biografien René Fülöp-Miller „geraubt“ wurde.[137] Das Einflechten eigener Erlebnisse, die Bezüge zur eigenen Biografie, sind charakteristisch für Nussimbaums literarische Werke, wie bereits an *Ali und Nino* und in besonderer Weise an *Das Mädchen vom Goldenen Horn* gesehen und was sich auch anhand des im Folgenden betrachteten Werks *Liebe und Erdöl* wieder bestätigen lässt.

4.3 Liebe und Erdöl

Der Heftroman *Liebe und Erdöl* erschien 1934 in polnischer Sprache,[138] ebenso wie der andere Heftroman Nussimbaums *Manuela*, die beide im Nachlass des Orientalisten und Islamwissenschaftlers Gerhard

[137] Reiss, Tom: *Der Orientalist*, S. 367.

[138] Maurer, Hans-Jürgen: „Die Heftromane von Essad Bey, eine überraschende Entdeckung“, in: Bey, Essad: *Liebe und Erdöl und Manuela*, aus dem Polnischen von Martin Pasek, Verlag H.-J. Maurer, Freiburg 2008, S. 52.

Höpp aufgefunden und in deutscher Übersetzung 2008 verlegt wurden[139] und im Folgendem als LE abgekürzt wird.

Die Handlung des in neun, mit Überschriften versehenen, Kapitel gegliederten Romans, beginnt mit einem Einblick in die georgische Geschichte. Essad Bey zeichnete den Weg vom Islam zum Christentum über politische Umstürze nach, um gleich darauf auf den Weg der Protagonistin Tamara hinzuführen. Tamaras Geschichte wird, ähnlich wie auch in *Das Mädchen vom Goldenen Horn,* von dem heterodiegetischen, allwissenden Erzähler durch erlebte Rede wiedergegeben. Die Protagonistin ist eine georgische Prinzessin aus der „aristokratischen Familie der Alaschidses" [LE, 7], „die lange Reihe ihrer Vorfahren bestand aus georgischen Rittern und Feudalherren." [LE, 23] Dass die Protagonistin wieder einmal eine Prinzessin ist, ist typisch für Nussimbaum; seine Eigendarstellung als orientalischer Prinz, einem alten Adelsgeschlecht entstammend,[140] schlägt sich so auch in seinen Werken nieder. Auch Nino und Asiadeh sind Prinzessinnen mit edlen Vorfahren, wobei die Parallele zu Nino durch die georgische Abstammung noch um einiges größer erscheint als die zu Asiadeh, die einem türkischen Adelsgeschlecht entstammt. So ähnelt die Protagonistin Tamara aus *Liebe und Erdöl* sehr der Heldin Nino aus *Ali und Nino,* beide sind furchtlos und abenteuerlustig. Sehr auffällig ist hierbei auch der Namenswechsel zwischen den beiden Romanen: Die Tochter Ninos wird am Ende des Romans Tamar genannt, „zu Ehren des Lyzeums" [AN, 258], das sie besuchte, Tamara aus *Liebe und Erdöl* besuchte wiederum die „vornehmste Schule in Tiflis", die „die Heilige Nino als Schutzpatronin" [LE, 9] hatte. Interessant ist bei dieser Namenswahl der Figuren außerdem, dass Nussimbaums junge Tante, zu der er eine enge Bindung hatte, Tamara hieß, was die Namensgebung auch aus biografischer Hinsicht erklärt; Nussimbaum wählte diesen folglich nicht nur aufgrund des Bezugs zu einer georgischen Königin, die diesen Namen ebenfalls trug.[141] Diese Parallelen sind nur eines der Belege

---

139 Bey, Essad: *Liebe und Erdöl und Manuela*, aus dem Polnischen von Martin Pasek, Verlag H.-J. Maurer, Freiburg 2008, im Text als LE abgekürzt.

140 Vgl. Reiss, Tom: *Der Orientalist*, S. XXVIf.

dafür, dass es sich bei Essad Bey und Kurban Said um ein und denselben Autor handeln muss.

Aber auch die Wahl der Motive stellt dies deutlich heraus, wie auch die starken autobiografischen Bezüge. So flieht Tamara Alaschidse über Istanbul bzw. Konstantinopel nach Europa [LE, 11], ebenso wie Lev Nussimbaum mit seinem Vater,[142] allerdings nicht im Alleingang wie Tamara auf einem gestohlenen Boot [LE, 7], sondern in der ersten Klasse eines Dampfers, was Nussimbaum in seinem autobiografischen Werk mit Humor zu würzen vermag: Denn im Gegensatz zu den Passagieren der zweiten und dritten Klasse, müssen sie sich weder ärztlichen Untersuchungen unterziehen lassen, noch in Quarantäne begeben – der Handschlag eines „grauhaarige[n] Professor[s]“ genügt, um den Passagieren der ersten Klasse „von Pest, Typhus und Cholera freie Gesundheit“[143] zu bescheinigen – den mühevollen Teil ihrer Flucht hatten die Nussimbaums zu diesem Zeitpunkt bereits hinter sich. Tamaras Weg ist hingegen einsam und noch viel beschwerlicher: Die Flucht „in dem kleinen Boot“ ist kein „Abenteuer“ [LE, 8], wie sie gedacht hatte, sie weiß noch nicht einmal, wo das Boot „sie hintragen“ [LE, 9] würde. „Ihr war schwer und einsam zumute.“ [ebd.] Doch auch wie die anderen Charaktere Nussimbaums, ist sie stark und weint nicht, sondern versucht dem Schwermut durch „Erinnerung an ihre Kindheit und Jugend, das Einzige, was ihr die Revolution nicht rauben konnte“ [ebd.], zu entgehen. Dadurch erinnert sie wiederum an Asiadeh, aber auch an Prinz Abdul-Kerim, die beide durch die Erinnerung an die Vergangenheit der Gegenwart zeitweilig zu entfliehen versuchen. Auch die Sprache spielt wieder eine Rolle – in den Erinnerungen Tamaras, die durch den Erzähler wiedergegeben werden, tauchen ebenfalls „die rauen Klänge aller Sprachen des Ostens“ [LE, 9] auf, wie auch in *Das Mädchen vom Goldenen Horn*, durch das Sprachtalent Asiadeh, die der Klang orientalischer Sprachen immer wieder auf besondere Weise be-

[141] Vgl. Maurer, Hans-Jürgen: „Die Heftromane von Essad Bey“, S. 57.

[142] Bey, Essad: *Öl und Blut im Orient*, Verlag H.-J. Maurer, Freiburg 2008, S. 261f.

[143] Ebd., S. 261f.

rührt [vgl. GH, 10, 12, 28, 30, 149].

Ihre wenigen Habseligkeiten an sich gepresst, darunter ein „Band mit Puschkins Gedichten" [LE, 9], was einen dezenten intertextuellen Hinweis Nussimbaums darstellen könnte,[144] reist Tamara über das Meer und erinnert sich an den Tod des Vaters, die Trennung von Mutter und Schwester und die Feindseligkeiten der anderen Menschen, die sie umgaben, nachdem sie ihre ganze Familie verloren hatte [LE, 10]. „Doch Tamara war ein temperamentvolles Mädchen. Sie beschloss, den Ring der sie einengenden Feindschaften zu durchbrechen" [ebd.], indem sie sich auf die Flucht begab und ihr Glück woanders suchte. Kurz vor Anatolien steuert sie „mit ungeschickter Hand" auf das Ufer zu und ist enttäuscht, als sie anstatt der verheißungsvollen Brücke zu Europa, nur „arme Fischerdörfer" [ebd.] entdeckt. Sie versorgt sich mit Proviant und segelt immer weiter, bis sie am „Bosporus [...], der Grenze Europas" [LE, 11], ankommt. Dort schlägt sie sich eine Zeit lang durch, auch nachdem ihr Geld aufgebraucht ist. Danach reist sie nach Frankreich, unauffällig, mit dem „Strom russische[r] Emigranten" auf einem Dampfer, mit der Hilfe des Heizers, der „ein georgischer Prinz war" [LE, 12]. Dieser stellt sie in Marseille auch „einer Bande" [ebd.] vor, mit der sie sich durch geschickten Betrug ihren Lebensunterhalt sichert [vgl. LE, 12ff.]. Sie lässt sich darauf ein, da sie es für ein „lustige[s] Geschäft hält", das sie gleichviel nicht auf Dauer mitmachen müsste, denn sie ist überzeugt, dass „[i]n zwei, drei Monate[n], wenn die Bolschewiken ver-

---

144 Die romantischen Motive in Nussimbaums Werk verweisen häufig auf Puschkin bzw. erinnern an seine Gedichte. Die Einsamkeit Tamaras erinnert beispielsweise an das Gedicht „Уединение", dt. „Zurückgezogenheit", „Einsamkeit", von 1819, in dem A. S. Puschkin, die Einsamkeit und Absonderung von „einschläfernden Narren" und „aufwühlenden Flegeln" als Segen des Herren preist, ebenso wie das einfache Leben „zwischen Mühsal, Müßiggang, Erinnerungen und Hoffnungen", vgl. Puschkin, Alexander: *Пора, мой друг, пора!..* Gedichte, Verlag Azbooka (Азбука), Sankt Petersburg 2002, S. 48f. So ähnlich ergeht es auch Tamara: In ihrer Einsamkeit versinkt sie in Erinnerungen an gute und schlechte Zeiten, wobei am Ende letztere sehr präsent werden und darauf verweisen, dass sie nun „ganz allein da" [LE, 10] stand, was ihre Flucht und Einsamkeit zu einer Notwendigkeit, beinahe einem Segen, werden lässt, im Vergleich zu dem, was sie durchlebt hatte.

trieben wären, [...] sie sowieso nach Tiflis zurückkehren“ [LE, 13] und ihr altes Leben wieder aufnehmen würde. Eine solche Einstellung – die Hoffnung über die baldige Rückkehr – kannte der Autor aus eigener Erfahrung und hatte diese auch bei vielen anderen Flüchtlingen auf seiner Flucht beobachtet.[145] Doch so weit kommt es nicht. Nach einer Weile beschließt Tamara plötzlich, nach Paris zu fahren, nachdem sie „mit einer größeren Summe“ versorgt war.

Nussimbaum betont trotz der positiven Einstellung seiner Protagonistin deutlich, wie schwer das Exil ist: „Man sagt, das Brot der Vertriebenen sei bitter. Das stimmt nicht. Das Brot der Vertriebenen ist weder bitter noch süß, denn das Exil hat den Vertriebenen gar kein Brot zu bieten.“ [LE, 15] Dies ist eine erneute, sehr auffällige Parallele zu *Das Mädchen vom Goldenen Horn*, denn auch Achmed-Pascha sagt im Café, nachdem er den Satz „Bitter ist das Brot der Verbannung“ am Nebentisch hört: „Gar nicht bitter. Das Land der Verbannung backt überhaupt kein Brot für den Verbannten.“ [GH, 24] So ist auch Tamaras Leben nicht leicht. Nachdem „der erste Rausch“ [LE, 15] der neuen Umgebung verflogen ist, meldet sie sich in der georgischen Botschaft, die ihr jedoch nicht weiterhelfen kann, aufgrund der „schwierigen Lage“, der Besetzung Georgiens durch Bolschewiken, daher „müsse sich [...] jeder irgendwie selbst behelfen.“ [LE, 16] Die Protagonistin muss sich daher auch weiterhin zunächst selbst durchschlagen, bis die „Hungermelodie [...] zum Leitmotiv ihrer Tage“ [LE, 18] wird. Nach einer Zeit kommt sie auf die Idee, dass es nur einen Ausweg gibt – einen Mann [vgl. LE. 18f.], doch es findet sich zunächst niemand, und die Protagonistin ist kurz vorm Verzweifeln. „Im müden Gehirn flammte sehnsüchtig nur ein Gedanke: ein Bett, ein Brötchen und ein Mann, der ihr das alles geben konnte.“ [LE, 19]

Als Tamara schließlich völlig am Ende ist und vor Hunger in Ohnmacht fällt, wird sie tatsächlich von einem Mann, einem den sie sogar kennt, aufgefangen und zu Petros Petrossian, einem in Paris lebenden Armenier, der bedeutende politische und wirtschaftliche Verbindungen

[145] Vgl. Reiss, Tom: *Der Orientalist,* S. 163.

hat und sehr einflussreich ist, gebracht [ebd.]. Petrossian, der mit seinen „siebzig Jahre[n] [...] noch immer mächtig und gefährlich war" [ebd.], machte sich große Sorgen über die Folgen der Revolution, die viele Menschenleben, darunter Millionen von Armeniern, gefordert hatte [LE, 20]. Das Los Tamaras, die von Vano Alania, der ein „ehemaliger georgischer Offizier" und „Abenteurer" [LE, 21] war, zu Petrossian gebracht wurde, erweckt das Interesse des mächtigen „Ölindustriellen" [LE, 22], der auch mit „armenischen Regierungsmitgliedern, Generälen und Professoren" [LE, 20] verkehrt. Bereits bei der ersten Begegnung erkennt Petrossian den Wert Tamaras, er „interessierte sich nie für die Reize einer schönen Frau, sofern er sie nicht in seinen hochkomplexen politischen Kalkülen geschickt einsetzen konnte" [LE, 24], und für Tamara kam ihm sogleich eine Verwendung in den Sinn, als er während des Treffens mit ihr von Vano auf den Besuch des Industriellen Richard King [ebd.] hingewiesen wird. Er lässt Tamara neu einkleiden und arrangiert ein Treffen mit Sir Richard King, der für viele „ein Halbgott" oder „sogar eher eine Art ‚Dreiviertelgott'" [LE, 25] war und dem die „Hälfte von Batavia, [...] Anteile von Indochina, Mexiko, Transsylvanien, Rumänien, Holland, Oldenburg und viel, viel mehr" [ebd.] gehörten. Petrossians Plan geht auf, nachdem Tamara zurechtgemacht worden und nun wieder „eine echte und bis ins Knochenmark authentische Prinzessin" [LE, 29] ist, kommt es zum Treffen, bei welchem sie Sir Richard King für sich gewinnt, ohne es zu ahnen [vgl. LE, 30f.].

Tatsächlich ist sie jedoch in Vano verliebt, den sie bereits während ihrer Schulzeit auf einem „Ball im Internat der Heiligen Nino" [LE, 22] kennengelernt hatte und den ihr Vater, aufgrund der Tatsache, dass Vanos Großvater „ein Räuber" [ebd.] war, nicht gutgeheißen hatte. Sie selbst sah darin jedoch keinen Nachteil, „in Tamaras Augen war der Räuber-Großvater ein Vorteil" [ebd.] und nun, da sie von Vano gerettet wurde, verliert sie vollends ihr Herz an ihn und schmiedet im Stillen bereits Heiratspläne, nicht ohne daran zu denken, dass es eine „Ehre" [LE, 23] für den ehemaligen Offizier wäre, „Prinzessin Alaschidse zum Altar führen zu dürfen." [ebd.] Auch Vano, der weiß, dass Tamara „ihn doch liebte" [LE, 33], versucht Petrossian davon abzubringen, die Prinzessin zu benutzen, um die Beziehung zu Richard King zu festigen, doch Petrossian überzeugt Tamara, King zu heiraten, indem er auf Ihre Verpflichtungen hinweist: „Denken Sie an Ihre Familie, die im Gefängnis sitzt. Sie müssen ein Opfer bringen. Ihre georgische Hand wird Sir Richard King den Weg zeigen, der zur Befreiung Ihres Vaterlandes führen wird." [LE, 34] So bringen sowohl sie als auch Vano „ein großes Opfer für die Freiheit Georgiens" [ebd.] und Tamara beginnt ein Leben als Ehefrau des Ölindustriellen, der ihr verspricht „bis zum Ende seines Lebens die Feinde Ihrer Heimat und die Mörder Ihres Vaters" [LE, 35] zu bekämpfen.

Schon bald wird Tamara, und damit auch Petrossian, für dieses Opfer belohnt, denn ihr Ehemann kauft kein „sowjetisches Erdöl" [LE, 35] mehr an, unter der Forderung der Freigabe des Kaukasus, der sich in der Hand der sowjetischen Regierung befindet. Dieser Kampf um die Freiheit, der charakteristisch für Nussimbaums Figuren ist, die sich „ganz selbstlos in den Dienst der Revolution"[146] stellen, wie bereits auch anhand von *Ali und Nino* gesehen. Und so stellen sich auch die Figuren in *Liebe und Erdöl* diesem Kampf, darunter Sir Richard King, Tamara, Petrossian und Vano, wobei die ersten drei „realen Figuren aus der Erdöl-Industrie nachempfunden"[147] sind. Sir Richard King widmet diesem Kampf ein Jahrzehnt seines Lebens, ohne zu ahnen, dass er letztlich nur eine Marionette Tamaras ist, die das Machtgefühl des aufgehenden Sternes ihres Ehemannes „am Firmament der Weltpolitik" [LE, 36] genießt. Tamara selbst ist dabei jedoch wiederum nur eine „eherne Figur Petrossians", was „weder Richard King noch sonst jemand auf der Welt" weiß [ebd.]. Sogar negative Presse kann dem Aufstieg des Industriellen nichts anhaben [LE, 36f.], er ist überzeugt von sich: „Bald, dachte er, wird der eiserne Ring den Feinden die Luft abwürgen. Und er war nicht der Einzige, der so dachte. Die Augen aller Emigranten richteten sich auf Richard King." [LE, 37]

Währenddessen träumt Tamara „abwechselnd von Vano und den georgischen Bergen" [ebd.], denn entgegen der Vorstellung von außen,

[146] Maurer, Hans-Jürgen: „Die Heftromane von Essad Bey", S. 55.

[147] Ebd., S. 60.

in der sie „als die Kraftquelle von Sir Richards Aktivitäten“ gilt, ist sie in Wirklichkeit der Langeweile und den Sorgen um ihre Familie, die nach wie vor im sowjetischen Gefängnis sitzt, ausgeliefert. Abwechslung in ihr Leben bringt Vano, den sie nach zehn Jahren zum ersten Mal wiedersieht und der ihre Lebensgeister erweckt. Während ihres Gesprächs merken beide, dass sich an ihren Gefühlen nichts geändert hat und vereinbaren, ohne es direkt auszudrücken, solange durchzuhalten, und somit voneinander zu lassen, bis ihre „Aufgabe erfüllt“ [LE, 39] ist. Kurz darauf beginnt das Geschäft ihres Mannes zu schwächeln und er versucht dem entgegenzuwirken, wobei er Tamara vernachlässigt [vgl. LE, 39f]. Die Krise spitzt sich zu, bis King nur noch die Wahl bleibt, sich mit den Bolschewiken zu einigen [LE, 43f.], um seine Fabriken nicht schließen und damit viele Arbeiter entlassen zu müssen, was nicht nur Tamara, sondern auch Petrossian als „Verrat“ [LE, 45] empfinden. Für Petrossian hat er damit an Wert verloren und er droht ihm nicht nur an, ihn zu ruinieren, sondern setzt dies auch sogleich in die Tat um. „Er wollte das nutzlos gewordene Spielzeug zerstören.“ [LE, 46] Auch Tamara sieht keinen Grund mehr, bei Richard King zu bleiben und verlässt ihn [LE, 47] für Vano, der sie überzeugt, damit das Richtige zu tun:

> Tamara, […] wir haben unsere Pflicht getan. Zehn Jahre lang haben wir Krieg geführt, jetzt dürfen wir den Kampfplatz verlassen. Die Prinzessin Alschidse kann unmöglich weiterhin die Frau eines Mannes sein, der ein Bolschewikenfreund ist. Jetzt können wir ungehindert unser Glück leben. [LE, 48]

Sie verlässt King und vergisst ihr Leben mit ihm, die Liebesbeziehung zu Vano Alania bringt sie zu ihren Wurzeln zurück, zur „Sprache ihres Landes“, sie genießt ihr neues Leben, denn ihr „georgisches Blut ist wieder erwacht“ [ebd.]. Die Nachricht vom Börsenkrach und dem vollkommenen Zusammensturz des Ölimperiums ihres Mannes, für den Petrossian verantwortlich ist, lässt sie jedoch umdenken. Richard King ist es währenddessen klar geworden, dass er „in Wirklichkeit bloß ein Trumpf in der Hand dieses fremden Spielers gewesen“ [LE, 49] ist und ist psychisch am Ende, obwohl sein Privatvermögen, von dem er gut leben kann, nicht davon betroffen ist, denn „wie alle großen Unternehmer liebte er das Geld vor allem als Synonym für die Macht“ [ebd.], die er nun nicht mehr besaß. Er zieht sich in seine Villa in der Schweiz zurück und lädt Tamaras Familie ein, die aus dem Gefängnis entlassen worden und „glücklich und nichts ahnend in England angekommen war.“ [LE, 50] Tamara, die von einem schlechten Gewissen geplagt wird, da ihr „die Reihe ihrer Ahninnen, Soldatenfrauen und Mütter“ vor ihrem inneren Auge erscheint und ihr bewusst wird, „dass keine von ihnen stolz auf ihre Enkelin sein würde“ [ebd.], da sie ihren Mann in seiner schwersten Stunde verlassen hatte. Aus einer Zeitung erfährt sie dann, dass Richard King sich in die Schweiz zurückgezogen hatte und verlässt daraufhin Vano, ohne einen Abschiedsgruß zu hinterlassen. In der Schweiz sieht sie auch ihre Familie wieder und verspricht ihrem Mann: „Nun bleiben wir für immer zusammen.“ [ebd.]

Der Roman endet mit einem Ausblick auf den Kampf um den Kaukasus, Petrossian schmiedet weiter seine Pläne zur Befreiung, während „das zähflüssige schwarze Gold – das Erdöl“ [LE, 50] weiter in den Tälern des Kaukasus fließt und den Kampf um die Macht anregt. Für Tamara verliert dieser Kampf jedoch an Bedeutung, nicht nur durch die Vereinigung mit ihrer Familie, sondern auch durch die Erfüllung ihrer Pflicht gegenüber ihrem Ehemann, was stark an die pflichtbewusste orientalische Frau aus *Das Mädchen vom Goldenen Horn* erinnert, die Motive den Orient und den Okzident betreffend, sollen aber nun im Folgenden genauer betrachtet werden.

5. Orient und Okzident

Bevor jedoch Nussimbaums Bild des Orients nachgezeichnet werden kann, soll die Sicht auf den Orient und die Verwendung des Orientmotivs in der deutschen Literatur näher betrachtet werden, um die möglichen Parallelen und Unterschiede und das Besondere des Orients von Essad Bey alias Kurban Said zu verdeutlichen. Die Begegnung von Ost und West, von Orient und Okzident hat eine lange Geschichte und fast ebenso lang ist die Tradition der literarischen Auseinandersetzung damit. Das Orientbild Europas ist jedoch bis in 17. und 18. Jahrhundert hinein geprägt von Vorurteilen – begründet durch religiöse Auseinandersetzungen; insbesondere die Kreuzzüge haben in dieser Zeit das Bild des Orients, auch in der Literatur, beeinflusst.[148] Bereits im Mittelalter finden sich Werke, die den Orient thematisieren, wenngleich sie diesen meist aus der westlichen Sicht nachzeichnen, ohne dass der Autor selbst je einen wahren Einblick in die orientalische Kultur erhalten hat. Ein Beispiel dafür ist *Willehalm* von Wolfram von Eschenbach,[149] das auf die französische Vorlage „Chanson d'Aliscans" zurückgeht und sich mit den Kriegen zwischen Christen und Muslimen bzw. „Heiden" auseinandersetzt. Die Beschäftigung mit dem Orient in der deutschen Literatur hat folglich lange Tradition, wobei der Osten nicht nur als bedrohlich angesehen wurde, ihm hafteten auch „von Anbeginn phantastische Züge" an, gepaart „mit dem Begriff des Märchenhaften, Wunderbaren".[150] Die Veränderung des Blickes auf den Orient, weg vom Bedrohlichen, fand später vor allem durch Goethes *West-östlichen Divan*[151] und Rückerts *Oestliche Rosen*[152] statt; andere Dichter

[148] Bobzin, Hartmut: „Orientalisch-deutsche Literaturbeziehungen", S. 189f.

[149] Wolfram von Eschenbach: *Willhalm. Nach der Handschrift 857 der Stiftsbibliothek St. Gallen*, hg. von Heinzle, Joachim, Niemeyer, Tübingen 1994.

[150] Bobzin, Hartmut: „Orientalisch-deutsche Literaturbeziehungen", S. 189.

[151] Goethe, Johann Wolfgang: *West-Östlicher Divan. Stuttgard* [!], in der Cottaischen Buchhandlung 1819 (Erstausgabe).

und Dichterinnen, wie Hugo von Hofmannsthal und Annemarie Schimmel, folgten. „Den Boden für eine unbefangene Betrachtung des Orients hatte jedoch viel früher der frz. Orientalist Antoine Galland mit seiner Nachbildung (nicht Übersetzung!) der Erzählungen aus *1000 und einer Nacht* bereitet".[153] An dieser Stelle sollte nicht unerwähnt bleiben, dass die deutsche Literaturwissenschaft einen „nicht mehr zu übersehende[n] Forschungsbedarf"[154] im Hinblick auf die Orientalistik aufweist, auch wenn vieles in dieser Hinsicht aufgefangen wird, wie durch die aktuell wiederaufgelebte Rückert-Forschung.[155] Dennoch gibt es im Vergleich zum Forschungsstand anderer europäischer Literaturwissenschaften noch gewisse Lücken, auch wenn der Diskurs durch Edward Saids *Orientalism,*[156] das ein eurozentristisch konstruiertes Bild des Orientalismus nachzeichnet, maßgeblich angestoßen wurde.[157]

Dennoch ist die wissenschaftliche Auseinandersetzung mit dem Orientmotiv durchaus kein blinder Fleck, was bei dessen genannten Vorkommen in der deutschen Literatur nicht verwundert. Insbesondere Goethe und diesen zum Vorbild nehmend Friedrich Rückert prägten dieses Motiv maßgeblich, ohne dem Orientbild des „Imperialismus und Kolonialismus"[158] zu entsprechen. Goethes Sicht auf den Orient beruhte auf der Anerkennung der orientalischen Kultur, der *West-östliche Divan,* stellt den literarischen Versuch der Verbindung der orienta-

---

[152] Rückert, Friedrich: *Oestliche Rosen*, Leipzig 1822 (Erstausgabe).

[153] Bobzin, Hartmut: „Orientalisch-deutsche Literaturbeziehungen", S. 190.

[154] Soltani, Zakariae: *Orientalische Spiegelungen. Alteritätskonstruktionen in der deutschsprachigen Literatur am Beispiel des Orients vom Spätmittelalter bis zur Klassischen Moderne*, LIT, Berlin 2016, S. 15.

[155] U.a. ist die Rückert-Gesellschaft e.V. zu nennen, die Forschung um Rückert fördert, Tagungen etc. veranstaltet; um die Rückert-Forschung herum erscheinen in jüngster Zeit immer mehr Publikationen, u.a.: Kreutner, Rudolf (Hg.): *Der Weltpoet. Friedrich Rückert 1788–1866. Dichter, Orientalist, Zeitkritiker*, Wallstein, Göttingen 2016.

[156] Said, Edward: *Orientalism*, Pantheon Books, New York 1978.

[157] Soltani, Zakariae: *Orientalische Spiegelungen*, S. 32.

[158] Mommsen, Katharina: *Orient und Okzident sind nicht mehr zu trennen*, S. 38.

lischen und der westlichen Kultur dar.[159] In diesem Werk „gab Goethe ein Bild vom Orient, von seiner Literatur, seiner Religiosität, seinem gesamten Leben, das für die meisten Zeitgenossen provozierend war, aber dennoch oder vielleicht gerade deshalb nicht ohne beträchtliche Folgen blieb."[160] Goethes positives Verhältnis zu Orient und Islam, seine „brüderlichen Gefühle gegenüber [dem muslimischen Dichter] Hafis"[161], den er als Gleichberechtigten bewundert hatte, entspringen dem bereits frühen Interesse Goethes an der orientalischen Kultur, das durch das Kennenlernen von Mohammed Schemsed-din Hafis' Werken, explizit seiner *Divan*-Dichtung, gestärkt wurde.[162] Dieses „Interesse konzentrierte sich auf die Frage nach dem Wesen orientalischer Dichtung",[163] was maßgeblich seinen Blick auf den Orient prägte. Die Anerkennung des Orients als gleichwertig lässt sich bei Goethe beispielsweise auch im Verhältnis zur Religion belegen, so dichtet er im *West-östlichen Divan:* „Gottes ist der Orient! / Gottes ist der Occicent! [!] / Nord- und südliches Gelände / Ruht im Frieden seiner Hände."[164] Die Gleichsetzung des Orients und des Okzident vor Gott impliziert die Gleichberechtigung der Religionen und spiegelt zugleich Goethes Verhältnis zum Orient wider. Der Orient und seine Menschen sind bei Goethe nicht mehr „die Heiden" wie sie in der mittelalterlichen Dichtung beschrieben werden, sondern stehen den Christen und Europäern gleichwertig gegenüber.

Dieses Moment der Begegnung von Orient und Okzident in der Dichtung, ohne eine Abwertung der orientalischen Welt, faszinierte

---

[159] Vgl. Soltani, Zakariae: *Orientalische Spiegelungen*, S. 262ff.

[160] Mommsen, Katharina: *Orient und Okzident sind nicht mehr zu trennen*, S. 45.

[161] Ebd., S. 40.

[162] Ebd., S. 47f.

[163] Ebd., S. 48.

[164] Goethe, Johann Wolfgang: *West-östlicher Divan, in: Richter, Karl: Johann Wolfgang Goethe. Sämtliche Werke nach Epochen seines Schaffens*, Band II.I.2, Hanser, München 1998, S. 12.

später den früh am Orient interessierten[165] „Goethe-Verehrer" Friedrich Rückert, dessen *Oestliche Rosen* von Goethes *West-östlichem Divan* inspiriert waren.[166] „Rückert war einer der wenigen Zeitgenossen, die den ‚West-östlichen Divan' mit Begeisterung aufnahmen",[167] er ging in seiner Orient-Dichtung jedoch weiter als sein Vorbild. So lernte er Persisch, Arabisch und Türkisch, um der orientalischen Dichtung auf den Grund zu gehen, und „befasste sich lieber mit der Geisterwelt der orientalischen Mystik und Erotik" anstatt wie Goethe das „Rollenspiel […] der Liebe […] in den Mittelpunkt"[168] zu rücken. Sein tiefgehendes Interesse am Orient führte auch zu zahlreichen Bekanntschaften mit Orientkennern, wie unter anderem mit dem Begründer der deutschen Orientalistik Joseph von Hammer-Purgstall.[169] Rückerts außerordentliche Sprachbegabung, sowohl in der eigenen Muttersprache Deutsch als auch beim Erlernen von Fremdsprachen „bis in ihre letzten Feinheiten",[170] begünstigt sowohl seine eigene Dichtung als auch die Übersetzung aus fremden Sprachen. Dieses Gefühl für Sprache ist neben dem Interesse sicherlich ein wichtiger Aspekt für die positive und brückenbauende Darstellung des Orients bei Rückert.

Vor dem Hintergrund der Dichtung Goethes und Rückerts darf nicht vergessen werden, dass die Darstellung des Orients in der deut-

---

165 Kreutner, Rudolf: „Frühes Interesse an orientalischer Literatur", in: Kreutner, Rudolf (Hg.): *Der Weltpoet. Friedrich Rückert 1788–1866. Dichter, Orientalist, Zeitkritiker*, Wallstein, Göttingen 2016, S. 31.

166 Nigles, Yvonne: „Vorbild Goethe", in: Kreutner, Rudolf (Hg.): *Der Weltpoet. Friedrich Rückert 1788 1866. Dichter, Orientalist, Zeitkritiker*, Wallstein, Göttingen 2016, S. 33.

167 Münster, Reinhold: „Johann Wolfgang von Goethe", in: Kreutner, Rudolf (Hg.): *Der Weltpoet. Friedrich Rückert 1788–1866. Dichter, Orientalist, Zeitkritiker, Wallstein*, Göttingen 2016, S. 80.

168 Münster, Reinhold: „Friedrich Rückert", in: Kreutner, Rudolf (Hg.): *Der Weltpoet. Friedrich Rückert 1788–1866. Dichter, Orientalist, Zeitkritiker*, Wallstein, Göttingen 2016, S. 82.

169 Ebd., S. 81.

170 Kreyenborg, Herman: „Friedrich Rückert als Interpret orientalischer Dichtungen", in: Fischer, Wolfdietrich: *Friedrich Rückert im Spiegel seiner Zeitgenossen und der Nachwelt*, Harrassowitz, Wiesbaden 1988, S. 262.

schen Literatur einer Stereotypisierung unterliegt,[171] wobei nach Edward Saids Ansicht auch die wissenschaftliche Sicht auf den Orient durch imaginäre Konstruktionen geprägt ist.[172] Diese Konstruktion des Orients, im Sinne des Fremden, kann dabei auf der Verkehrung des Eigenen beruhen, was sich durch stereotype Darstellung in der Literatur widerspiegeln kann,[173] woraus sich bei einer realen Begegnung mit dem Orient, eine Enttäuschung ergeben kann, wenn die fremde Welt sich der eigenen als viel ähnlicher, denn erwartet, erweist.[174] Das Verwenden von Stereotypen muss jedoch nicht zwangsläufig auf einer realen Verkehrung beruhen, denn der Versuch einer Spiegelung, der in der imaginären Darstellungen des Orients mündet, lässt sich in der deutschen Literatur, wie beispielsweise bei Else Lasker-Schüler und Hugo von Hofmannsthal, häufig antreffen.[175]

5.1 Konversion des Autors und sein Orientbild

Inwieweit Lev Nussimbaums Darstellungen des Orients sich der Stereotypen bedienen oder nicht, inwiefern die Begegnung von Orient und Okzident in den drei betrachteten Romanen gelingt oder scheitert und auf welcher Ebene sich diese begegnen, muss noch genauer betrachtet werden. Vor dem Hintergrund des Orientmotivs in der deutschen Literatur, darf bei der Analyse seiner Werke jedoch nicht vergessen werden, dass Nussimbaum, im Gegensatz zu den zuvor genannten Schriftstellern, zu beiden Kulturräumen einen völlig anderen Zugang hatte, aufgrund seiner

---

171 Fichert, Anna: „‚Orientalische Sinnlichkeit' und ornamentale Abstraktion: Flaubert und die Dichter um 1900", in: Dunker, Axel: *Literatur – Kultur – Text. Kleine Schriften zur Literaturwissenschaft*, Tectum, Marburg 2010, S. 11f.

172 Ebd., S. 18.

173 Ebd. S. 18ff.

174 Samsami, Behrang: »*Die Entzauberung des Ostens*«, *Zur Wahrnehmung und Darstellung des Orients bei Hermann Hesse, Armit T. Wegner und Annemarie Schwarzenbach*, Aisthesis, Bielefeld 2011, S. 36.

175 Vgl. Fichert, Anna: *Orientalische Sinnlichkeit*, S. 115f.

Herkunft und seines Lebens im deutschen Sprachraum. Durch seine in Baku verbrachte Kindheit, war ihm die Begegnung von Orient und Okzident niemals fremd, sondern in gewisser Hinsicht vielleicht sogar selbstverständlich, denn auf kaukasischem Boden war diese Begegnung mehr Regel als Ausnahme. Über den Kaukasus schreibt der Autor selbst:

> Die Völker des Kaukasus bilden keine Einheit, weder religiös noch kulturell oder sprachlich. Die Mannigfaltigkeit, die schier unübersehbare Buntheit dieses Völkergewimmels machte auch die Beschreibung des Kaukasus bis heute für die meisten zu einer schwierigen, wenn nicht unlösbaren Aufgabe.[176]

Sich selbst traut er diese Aufgabe jedoch wohl durch das Verfassen eines Buches über den Kaukasus zu. Er erlebte beides, den Westen und den Osten, folglich nicht nur durch Reisen und Literatur, „Levs Orient war niemals nur ein Produkt seiner Fantasie."[177] Nussimbaum war ein Orientalist, der den Orient wirklich kannte und der ein positives Orientbild hatte, auch wenn ihm der negative, vorurteilsbeladene, eurozentristische Orientbegriff der früheren Orientalisten[178] sicherlich bekannt gewesen sein dürfte, ebenso wie das allgemeine Bild der europäischen Gesellschaft vom Orient.

Es gilt bei Nussimbaums Orient auch seine Konversion zum Islam zu berücksichtigten; Lev trat am 13. August 1922 zum Islam über,[179] fortan nannte er sich Essad Bey, als der er auch auf der Gründungsliste der „Islamischen Gemeinde zu Berlin e.V."[180] verzeichnet ist. Der Grund für die Konversion ist nicht zweifelsfrei zu klären, die Meinungen gehen hier weit auseinander und eine alles genau aufklärende Stellungnahme des Autors selbst gab es leider nie. Die sehr früh erfolgte

---

176 Bey, Essad: *Der Kaukasus*, S. 2.

177 Vgl. Reiss, Tom: *Der Orientalist*, S. 56.

178 Vgl. Mommsen, Katharina: *Orient und Okzident sind nicht mehr zu trennen*, S. 36f.

179 Höpp, Gerhard: „Mohammed Essad Bey: Nur Orient für Europäer?", S. 77.

180 Ebd.

Konversion erscheint zudem ungewöhnlich, worauf näher eingegangen werden sollte. Tom Reiss bezieht sich in seinen Ausführungen auf die Aussage des Freundes des Autors Alexander Bailow,

> der glaubte, Lev, der in einem kosmopolitischen, russisch geprägten, jüdischen Elternhaus aufgewachsen war, habe nach Authentizität gesucht, und gefunden habe er sie in ‚der Welt der einheimischen Dienerschaft, deren Wurze[l]n in den aserbaidschanischen muslimischen Dörfern oder den an die Berghänge geschmiegten Auls im Hinterland Bakus lagen.[181]

Reiss selbst glaubt „nicht, das sein Übertritt damit zu tun hatte, dass er vor seinem Judentum fliehen wollte“ und dass „die Wahrheit viel komplizierter“[182] sei, wobei er hier Brailows Aussage zu einseitig deutet. Denn die Suche nach Authentizität hat nicht zwangsläufig etwas mit der Flucht vor der eigenen Religion zu tun, Tom Reiss bemerkt zwar richtig, dass die Konversion Nussimbaums mit seiner Vergangenheit und seiner Zukunft zu tun habe, meint dabei jedoch vorwiegend die Zukunftsängste, die mit dem „Gefühl der Bedrohung“ einhergehen, „obwohl die im Jahr 1923 noch nicht so immanent war“,[183] womit er die Stimmung in Deutschland vor dem NS-Regime meint. Dies erscheint jedoch eher weit hergeholt, denn Nussimbaum habe Brailow auch erzählt, dass die Konversion schon früher geplant gewesen sei, bei seinem Aufenthalt in Konstantinopel, als er erst fünfzehn Jahre gewesen sei.[184] Es mag sein, dass der Religionswechsel später auch einen Schutz für Nussimbaum darstellte, der als Essad Bey nun mal weniger im Visier der Nationalsozialisten stand als als Lev Abramovitsch Nussimbaum, zum Zeitpunkt der Konversion kann das „Gefühl der Bedrohung“ aber noch nicht ausschlaggebend gewesen sein, zumal die Konversion zum Islam in diesem Fall auch keinen ausreichenden Schutz bieten konnte. Vielmehr ist anzunehmen, dass „die Wahrheit“, wie Reiss selbst auch anmerkt, tatsächlich „viel komplizierter“[185] ist.

---

[181] Reiss, Tom: *Der Orientalist*, S. 243.

[182] Ebd.

[183] Ebd.

[184] Ebd., S. 242.

Alexander Brailows Vermutung, Levs Konversion habe mit der Suche nach Authentizität zu tun, muss daher, auch unter Anbetracht der positiven und liebevollen Darstellung des Orients in den Werken des Autors, genauer betrachtet werden. Wie sich auch in der späteren Analyse des Orient-Okzident-Motivs zeigen wird, war Nussimbaum mit der orientalischen Kultur des Kaukasus tief verwurzelt, was sich in der bewundernden Abbildung dieser in seinen Romanen, aber auch in seinen Sachbüchern, niedergeschlagen hat. Die Faszination für den Orient, dessen Kultur, mit der auch der Islam verbunden ist, kann in gewisser Hinsicht als ein Anreiz für die erfolgte Konversion gesehen werden. Aufgewachsen in Baku, kam Lev Nussimbaum seine ganze Kindheit über in Berührung mit der orientalischen Kultur, die ihn von Anfang an prägte. In Deutschland fehlte dieser Bestandteil seiner Identität, die sich wie bereits betrachtet, aus dem Zusammenspiel der tatsächlichen und fiktiven Vergangenheit und der Narration der eigenen, authentischen Geschichte konzipiert.[186]

Das Fehlen der Authentizität kann ein möglicher Grund unter vielen für eine Konversion sein, denn das Empfinden des Fehlens eines oder mehrerer Bestandteile der eigenen Identität, führt dazu, dass diese Kulturen und auch die mit ihnen verbundenen Religionen eine starke Anziehungskraft ausüben können.[187] Der Begriff der Konversion, der in der christlichen Tradition einer doppelten Bedeutung unterliegt: „Zum einen wird er als Bekehrung zu Gott verwendet, zum anderen steht er für einen Übergang von einer Religion zu einer anderen",[188] wird in der vorliegenden Arbeit in der letztgenannten Bedeutungsebene verwendet. Im Zusammenhang mit dem Islam, muss jedoch erwähnt werden, dass die Konversion vor allem auf der „Hinwendung oder auch Rückkehr zu Gott"[189] beruht, was vorrangig die Abwendung vom zuvor sündig ge-

---

185 Ebd., S. 243.

186 Vgl. Kapitel 2.

187 Vgl. Heidrich, Christian: *Die Konvertiten. Über religiöse und politische Bekehrungen*, Hanser, Müchen/Wien 2002, S. 326ff.

188 Scharrer, Tabea: *Narrative islamischer Konversion. Biographische Erzählungen konvertierter Muslime in Ostafrika*, transcript, Bielefeld 2013, S. 131.

führtem Leben, hin zum gottgefälligen Lebensstil miteinschließt.[190] Ob dies auch im Falle von Lev Nussimbaum zutrifft, sei dahingestellt, zwar ist seine Konversion durchaus ernst zu nehmen, ob der Religionswechsel sich aber aufgrund der „Hinwendung zu Gott" ergeben hat, ist fragwürdig und als Hauptbeweggrund eher auszuschließen.

Wenn auch Nussimbaum sich intensiv mit dem Islam auseinandergesetzt hat und auch mit dem Thema der Konversion, das ihn sehr bewegte,[191] kann nicht von einer spirituell initiierten Konversion ausgegangen werden. Darauf deuten auch die von ihm verfassten Bücher, die sich mit dem Islam beschäftigen, hin. So ist die von ihm verfasste Mohammed-Biografie[192] eher als literarische Auslegung anzusehen, die sich frei an dem Leben des Propheten orientiert und die einige Fehler enthält.[193] Diese Fehler, aufgrund derer die „Mohammed-Biografie […] vor allem von den Muslimen kritisiert [wurde] und […] heute noch von muslimischen Lesern abgelehnt" wird, bezieht Yagut Abdalla auf „schlechte Kenntnisse der arabischen Sprache"[194] des Autors, allerdings kann es durchaus auch sein, dass Nussimbaum, wie auch in seiner eigenen Biografie, sich vielmehr frei an den historischen Tatsachen und Überlieferungen orientiert, weshalb auch dieses Buch eher als ein literarisches anzusehen ist. Ein anderes Buch, das in Zusammenarbeit mit Wolfgang von Weisl entstanden ist, *Allah ist gross. Aufstieg und Niedergang der islamischen Welt von Abdul Hamid bis Ibn Saud*[195], ist hingegen fundierter und bildet wichtige historische Ereignisse ab.[196]

---

189 Ebd., S. 135.

190 Ebd., S. 135 ff.

191 Vgl. Abdalla, Yagut: *Das ‚fortschrittliche Europa' oder das ‚rückständige Asien'?*, S. 62.

192 Bey, Essad: *Mohammed. Biographie*, Kiepenheuer, Berlin 1932.

193 Abdalla, Yagut: *Das ‚fortschrittliche Europa' oder das ‚rückständige Asien'?*, S. 249.

194 Ebd.

195 Bey, Essad und Weisl, Wolfgang von: *Allah ist gross. Aufstieg und Niedergang der islamischen Welt von Abdul Hamid bis Ibn Saud.*

196 Abdalla, Yagut: *Das ‚fortschrittliche Europa' oder das ‚rückständige Asien'?*, S. 250.

Dennoch sind beide Werke nicht als religiöse Reflexionen eines Autors, der sich aus spirituellen Gründen dem Islam zugewendet hat, anzusehen, denn Nussimbaum verbindet in *Allah ist gross* (wie auch in anderen seinen Werken) den Islam untrennbar mit dem Orient bzw. dessen Kultur, den er ungern europäsiert sehen würde, wie immer wieder in *Allah ist gross* zu lesen ist.[197]

Wie erwähnt, ist es vor allem die orientalische Kultur, die Nussimbaum anzieht und die damit verbundene Religion, der Islam, ist ein nicht wegzudenkender Bestandteil dieser, was die Konversion und den Namenswechsel des Autors in größerem Maße erklären kann. „Religion existiert als Tradition. Als Erbschaft und Überlieferung, als Erinnerung und Vergegenwärtigung."[198] Ebendiese Tradition und die tiefe Verwurzelung Nussimbaums mit dieser bzw. sein starker Bezug dazu, der sich auch in den Ausführungen seiner Romanfiguren herauslesen lässt und worauf später noch genauer eingegangen wird,[199] ist mir großer Sicherheit auch mitverantwortlich für seine Konversion.

Lev Nussimbaum liebte nicht nur die Kultur des Orients, sondern auch allte Sitten und Bräuche, „die Monarchie", „die Wüste" und „alte Leute gleichviel welcher Konfession, Nation oder Parteizugehörigkeit",[200] diese Verbindung zum Alten und der Rückbezug auf die Traditionen schlagen sich ebenfalls in den Romanen nieder, was sich im späteren Verlauf der vorliegenden Arbeiten noch zeigen wird.[201] Der Orient und damit auch der Islam, der von Vertretern der europäischen Kultur in den Romanen als rückständig angesehen wird,[202] vertritt für den Autor wichtige traditionelle Werte, die ihn an die orientalische Kultur binden bzw. wodurch er sich zu dieser stärker hingezogen fühlt als zu der europäischen. Denn letztlich lernte Lev Nussimbaum beide kennen,

---

197 Vgl. ebd., S. 211 ff.

198 Heidrich, Christian: *Die Konvertiten. Über religiöse und politische Bekehrungen*, S. 333.

199 Vgl. dazu Kapitel 5.3.

200 Bey, Essad: „Lebensläufe von heute: Die Geschichte meines Lebens", S. 3.

201 Vgl. dazu Kapitel 5.3 und 6.

202 Näheres hierzu vgl. Kapitel 5.3.

nicht nur in seiner Heimat, sondern auch in Deutschland und auf gemeinsamen Flucht mit seinem Vater. Natürlich kann diese Anziehungskraft der orientalischen Kultur und die Verbindung zu deren Traditionen nicht einfach als der einzig wahre Grund für die Konversion des Autors gesehen werden, mit großer Wahrscheinlichkeit spielten auch anderen Faktoren eine wichtige Rolle. Welche diese sind, lässt sich retrospektiv nicht genau nachzeichnen; unter Anbetracht der Motive und der Darstellung des Orients und des Islam in den Werken Nussimbaums kann jedoch durchaus angenommen werden, dass die Liebe zum Orient und seiner Kultur eines der ausschlaggebenden Faktoren gewesen sein muss.

Gerade deshalb sollte der Aspekt der Konversion des Autors in der Analyse und Interpretation seines Werks nicht unberücksichtigt bleiben, da diese stets subtil im Hintergrund mit hineinspielt und Nussimbaum in seinen Darstellungen – es sei dahin gestellt ob bewusst oder unbewusst – auch über kulturelle und religiöse Werte reflektiert. Seine eigene Vorliebe für die orientalische Kultur und damit auch für den Islam, der für ihn eindeutig kaum davon zu trennen ist, spiegelt sich in seinen Werken wider und macht die Interpretation umso schwieriger, zumal, wie sich noch zeigen wird, sein Bild von Orient und Okzident, Asien und Europa und der jeweiligen Kulturen und Religionen (wobei das Christentum und das Judentum weitgehend keine direkte Berücksichtigung in seinem Werk finden) kein eindeutiges ist.

Erschwerend zur Untersuchung des Orientbildes des Autors kommt nicht nur sein Religionswechsel hinzu, sondern auch die Bildung, die Lev Nussimbaum erfahren hat, denn es muss berücksichtigt werden, dass er, obwohl er seine Werke auf Deutsch verfasste und einen starken Bezug zu den orientalischen Dichtern aufwies, was beispielsweise anhand von *Ali und Nino* deutlich wird [vgl. AN, 208ff.], auch die russischen Dichter gut kannte. Dies wird insbesondere durch die häufigen Verweise auf die russischen Schriftsteller wie Tolstoi und Puschkin augenfällig.[203]

Der Bezug zu Puschkin ist an dieser Stelle insofern von Bedeutung,

---

[203] Vgl. bspw. AN, 83; *Öl und Blut*, 65; LE, 9.

da der russische Dichter der Romantik nicht nur 1829 ein Gedicht über den Kaukasus,[204] sondern bereits zuvor, 1824, unter anderem eine Reihe von Gedichten unter dem Titel *Nachahmungen des Korans*[205] verfasst hatte, und durch diese Hommage deutlich seine Verehrung oder zumindest Anerkennung und Achtung vor den Versen der Heiligen Schrift zeigte. Puschkins Dichtung vermag auch hier „so rein [zu] spiegeln“[206], dass eine Wertung des Orients, des Anderen, ausbleibt, ebenso wie die damit verbundene Hierarchisierung, die der eurozentristischen Sicht auf den Orient anhaftet. Dies übte auf Lev Nussimbaum, der als Essad Bey seiner intensiven Beschäftigung mit dem Orient und auch dem Islam in seinen Werken Ausdruck verlieh,[207] sicherlich eine Wirkung aus, die nicht von der Hand zu weisen ist. Nicht umsonst stellt er Puschkin in *Ali und Nino* in eine Reihe mit „Saadi, Hafis und Firdausi“ sowie mit „Goethe“,[208] der „ein Gedicht über den Teufel geschrieben“ [AN, 46] hat, was er durch die Worte eines georgischen Dorfbewohners geschickt zu vermitteln vermag. So konstruierte sich Nussimbaums Verständnis vom Orient in seinem Werk nicht nur durch seine persönlichen Erfahrungen, die sicherlich ebenfalls eine bedeutende Rolle spielen, sondern auch durch die Vielfalt der von ihm gelesenen und bekannten Werke, von den der orientalischen, über die der russischen, hin zu den der deutschen Dichter, was nicht unberücksichtigt bleiben darf, denn schließlich fließt das Gele-

---

[204] Puschkin, Alexander: *Пора, мой друг, пора!..* Gedichte, S. 155; in der Übersetzung: Radecki, Sigismund v.: *Der Glockenturm.* Russische Verse und Prosa, zweite Auflage, Kösel, Kempten 1953, S. 53.

[205] Puschkin, Alexander: *Пора, мой друг, пора!..* Gedichte, S. 88–94; zum Teil in Übersetzung: Radecki, Sigismund v.: *Der Glockenturm*, S. 40f.

[206] Radecki, Sigismund v.: *Der Glockenturm*, S. 16.

[207] Wie zuvor erwähnt, insbesondere in den bereits genannten Werken: Bey, Essad und Weisl, Wolfgang von: *Allah ist gross. Aufstieg und Niedergang der islamischen Welt von Abdul Hamid bis Ibn Saud und Bey, Essad: Mohammed. Biographie.*

[208] Puschkin wird von Nussimbaum auch in *Zwölf Geheimnisse im Kaukasus* erwähnt, in einem erfundenen Abriss über die „goldene Feder“ mit der Goethe den *West-Östlichen Divan* schrieb und die er angeblich an Puschkin gesandt hatte, vgl. Bey, Essad: *Zwölf Geheimnisse im Kaukasus*, S. 204f.

sene stets in die eigenen Werke das Autors mit ein.[209] Wie dieses Orientbild und dessen Darstellung tatsächlich konstituiert sind, soll im folgenden Kapitel genauer untersucht werden.

5.2 Darstellung der Kulturkreise

Wie anhand der Romaninhalte gesehen, macht Nussimbaum entscheidende Unterschiede zwischen den Vertretern der europäischen und der orientalischen Kultur, dabei macht er diese Unterschiede vor allem anhand der Figuren deutlich. Die Orientalen sind meist „die Wilden", was nicht verwundert, da der Autor vorwiegend europäische Leser zu erwarten hatte, die die Erfahrung des Fremden und des wilden Orients voraussetzten, in einem Ausmaß, das jedoch gerade ihren Erwartungen entspricht.[210] Allerdings haftet diesem „wilden" Verhalten und den entsprechenden Sitten nichts Negatives an, und auch die Europäer werden ihrerseits von manchen orientalischen Figuren als „Wilde" bezeichnet, was die Subjektivität solcher Zuweisungen verdeutlicht. Dennoch werden die Europäer oft eher als „die Kühlen", beinahe Leidenschaftslosen beschrieben, insbesondere aus der Sicht der Orientalen, was zu dieser gewagten Unterscheidung in der vorliegenden Arbeit führt, ohne jedoch dabei eine Wertung vornehmen zu wollen. Denn hinzu kommt, dass bei manchen Figuren die Trennung zwischen dem Orientalischen und dem Europäischen, dem Wilden und dem Kühlen, kaum möglich ist, was sich im Folgenden zeigen und im daran anschließenden Kapitel weiter verfolgt wird.

---

[209] Jacob, Joachim/Mayer, Mathias: „Im Namen des anderen. Die Ethik des Zitierens", in: Jacob, u.a. (Hg.): *Ethik – Text – Kultur, Band 3*, Wilhelm Fink Verlag, München 2010, S. 9.

[210] Vgl. Janz, Rolf-Peter: „Transkulturalität – in literaturwissenschaftlicher Perspektive", S. 19f.

5.2.1 „Die Wilden"

Unter „die Wilden" fallen in den betrachteten Romanen meist die Vertreter des Orientalischen, insbesondere die Muslime unter den Kaukasiern. Eine Ausnahme, wenn auch nur mit geringen Abweichungen, stellen die Georgier in *Liebe und Erdöl* dar. Dennoch sind diese als Orientalen anzusehen, welchen als Kontrast die Westeuropäer gegenübergestellt werden. So kann nicht nur Vano, in den Tamara sich von Anfang an verliebt [vgl. LE, 23], sondern auch die Protagonistin selbst in die Reihe der scheinbar „Wilden" gestellt werden, die den europäischen Lebensstil nicht annehmen können und ein anderes Wertesystem vertreten. Obwohl Tamara sich zunächst mit dem Leben in Europa und dem kühlen „blauäugigen Fremden" [LE, 31], der ihr Ehemann wird, abfindet, so träumt sie doch von den „georgischen Weinbergen" [LE, 37], deren wilde Bewohner nichts von der Politik, die außerhalb ihres Landes betrieben wird, wissen und „mit kleinen Raubüberfällen und Blutrache ausreichend beschäftigt" [LE, 28] sind. Ihre Fügung entspringt allerdings ihrem Pflichtgefühl gegenüber ihrem Land und ihrer Flucht, ihr Leben im Exil spielt zusätzlich mit hinein: „Das Leben im Exil erzeugt Fatalismus, und Tamaras zweifacher Fatalismus – der des Orients und der der Emigration – erlaubte ihr, alles, was in ihrem Leben geschah, gelassen anzunehmen." [LE, 31f.]. Aber dieses orientalische Pflichtbewusstsein ist es auch, das die Protagonistin zum Schluss wieder zu ihrem Ehemann zurückführt,[211] obwohl der Verrat des „blauäugigen Engländer[s]" [LE, 43] zunächst ihre wilden Seiten hervorholt [vgl. ebd.]. Doch der Gedanke, die „Reihe ihrer Ahninnen" [LE, 50] durch ihr Verhalten zu verraten, gibt dabei den letzten Ausschlag und sie kehrt zu Sir Richard King zurück.

Das Pflichtbewusstsein der orientalischen Ehefrau spielt auch in *Das Mädchen vom Goldenen Horn* eine wichtige Rolle, so verlässt Asiadeh Hassa erst, als er bereit ist, sie freizugeben, wozu sie selbst jedoch wesentlich beiträgt. Auch Nino ist sich ihrer Pflichten bewusst,

[211] Vgl. Kapitel 4.3.

auch wenn sie, aufgrund ihrer sowohl den Orient als auch den Okzident vertretenden Funktion, nicht als klassische orientalische Ehefrau bezeichnet werden kann. Dennoch nimmt sie ihre Pflichten als verheiratete Frau in besonderem Maße wahr und fügt sich zeitweilig in Dagestan sogar in die Rolle, die von den Dorfbewohnern und vor allem von Alis Vater erwartet wird [vgl. AN, 174ff.]. Auf dieses Pflichtbewusstsein der orientalischen Frauen wird im weiteren Verlauf dieser Arbeit noch zurückgegriffen. An dieser Stelle sollte jedoch nicht unerwähnt bleiben, dass Nussimbaums Darstellung der pflichtbewussten und ihrem Mann dienenden Ehefrau keineswegs die Unterdrückung der Frauen postuliert, auch wenn er manche seiner männlichen Charaktere – vornehmlich auf der Seite der Orientalen – abschätzig und aus einer herrischen Position heraus über die Frauen sprechen lässt. Vielmehr handelt es sich bei diesem Pflichtbewusstsein um einen Bestandteil der orientalischen Kultur und der damit verbundenen Tradition. Dass die Frau im Orient durchaus auch etwas oder sogar so einiges zu sagen hat, wird an einigen Stellen der Romane besonders deutlich. So sagt Asiadehs Vater zu seiner Tochter: „Aber eine kluge Frau dient und wird bedient, und wer zum Herrschen geboren ist, herrscht auch hinter dem Schleier“ [GH, 72]. Und die Tradition der Herrschaft der georgischen Frauen wird beispielsweise in *Liebe und Erdöl* genannt: „Auf jedem Thron des Ostens, in Byzanz und Persien, in der Türkei und in Ägypten, in Indien und Mesopotamien saßen georgische Frauen, hielten in ihren zarten Händen die Zügel der Macht“ [LE, 31], nicht ohne Grund sind daher auch Tamara und Nino georgische Prinzessinnen. Die Charakterisierung der Frauen als „von Männern unterdrückte, dienende Geschöpfe“, sollte auch insbesondere bei der Betrachtung der Rollen, die die Protagonistinnen jeweils spielen, nicht fälschlicherweise angenommen werden. Denn obwohl Tamara eher eine nebengeordnete Rolle bei der Entwicklung der Handlung spielt, treiben Nino und Asiadeh die Romanhandlung jeweils sogar wesentlich voran.

Die wilden Seiten der Protagonistinnen treten ebenfalls deutlich zutage: Asiadeh träumt nicht nur von ihren „wilden Ahnen“ [GH, 28], sie selbst wird auch immer wieder als wild charakterisiert bzw. bezeichnet sich sogar selbst als „eine echte Wilde“ [GH, 222]. Sie ohrfeigt Hassa nach dem ersten Kuss [GH, 37] und freut sich bei der Vorstellung, dass wenn ihr Vater davon erführe, er ihm die Lippen abschneiden würde [GH, 42]; im Strandbad weiß sie nicht, wie sie den Badeanzug, der ihr die Schamesröte ins Gesicht treibt, anziehen soll [GH, 30f.]; sie beißt Hassas Freund Dr. Kurz, als dieser versucht sie zu küssen [GH, 187], und hetzt letztlich auch John Rolland alias Prinz Kerim gegen diesen auf und verursacht damit eine wilde Schlägerei [GH, 258]. Letzteres zeigt auch die wilde Seite des verträumten Prinzen als weiteren Vertreter des Orients. Und auch die anderen Orientalen, die sich im Orientclub treffen [GH, 37], können als „Wilde“ angesehen werden; diese Sicht beruht jedoch überwiegend auf der Fremdwahrnehmung der Europäer [vgl. GH, 47]. Diese „wilden“ Seiten treten in *Das Mädchen vom Goldenen Horn* beispielsweise auch in Asiadehs Vater Achmed Pascha, der den Orient als „animalisch“ [GH, 130] ansieht, hervor. So überfällt ihn aus Frust über den Heimatverlust, die Lust zu raufen: „Ihn erfaßte ein schmerzlicher Wunsch zu raufen, um sich zu hauen und zu kämpfen. Er sehnte sich nach einer dunklen Straße und nach einem fremden Mann, der ihn plötzlich stoßen würde, um darauf eine Ohrfeige zu erhalten.“ [GH, 24], die Umgangsformen der Deutschen lassen dies jedoch nicht zu. An dieser Stelle zeigt sich Nussimbaums geschicktes Spiel mit den Stereotypen, der Kontrast „der kühlen“ Deutschen, die hier stellvertretend für den Okzident stehen, zu den wilden Orientalen, in deren Natur das Kämpferische, Wilde liegt. Auch Asiadeh überträgt ihre persönlichen Rückschläge auf die Ebene der Völker, so wünscht sie sich, die Türken hätten Wien in Schutt und Asche gelegt, nachdem sie sich durch die erste Begegnung mit Hassas Exfrau Marion gedemütigt fühlt [vgl. GH, 140].

Wilde Seiten zeigt auch die Protagonistin Nino in *Ali und Nino*, wenngleich diese, im Gegensatz zu Asiadeh, von Vertretern des Orients und nicht von Vertretern des Okzidents als wild wahrgenommen wird. So bezeichnet der Eunuch „Jahja Kuli“ Nino als „Wilde“ [AN, 198], was er nicht nur aufgrund ihrer Herkunft tut, sondern auch wegen ihres ungebührlichen Verhaltens [AN, 201]. Hierdurch wird deutlich, dass Zuschreibungen des „Wilden“ auf der jeweiligen Wahrnehmung beruhen. Nino, die überwiegend das Europäische vertritt, wird von den Orientalen als wild wahrgenommen, während sie selbst die Sitten in Persien als solche wahrnimmt, auch wenn sie durch ihre in Baku verbrachte Kindheit beide, den Okzident und den Orient, mit ihren Sitten und Bräuchen kennt. So entsetzt sie Alis ekstatische Teilnahme am Umzug zum Fest Husseins: Sein durch Selbstkasteiung zerfetzter Rücken [AN, 232f.], das zügellose Verhalten im religiösen Selbstausdruck Alis, der sich von der Menge mitreißen ließ [AN, 230], empfindet sie als barbarisch [AN, 233].

Ali Khan stellt jedoch auch in vielerlei anderen Punkten einen Vertreter „der Wilden" dar. Ein Beispiel ist die grausame Ermordung Melik Nachararjan. Zügellos verbeißt er „sich in seinen dicken, weißen Hals" [AN, 149] und erdolcht ihn anschließend, wofür er auch noch von seinen Freunden gelobt wird. Seiner Tat ist er sich dabei vollends bewusst, bereits auf der Verfolgungsjagd muss er sich zusammenreißen, während er vor Wut in den Hals des Pferdes beißt [AN, 146] und sich über die schlechten Straßen Asiens freut: „Welch Glück, daß wir in Asien sind, im wilden, rückständigen, unzivilisierten Asien. Das keine Autostraßen hat", was ihm ermöglicht, Nachararjans einzuholen. Der Verweis auf das „Wilde" und „Unzivilisierte" deutet jedoch zusätzlich auf sein Vorhaben hin. Ali Khans Gesinnung ist eine orientalische, trotz seiner Liebe zu Nino und zu seiner Heimatstadt, die sowohl Vertreter des Orients als auch die des Okzidents beheimatet. Das „Wilde" an ihm tritt immer wieder hervor, so plant er bereits am Anfang der Handlung eine mögliche Entführung Ninos, falls sie ihn nicht heiraten will [vgl. AN, 11]. Tapferkeit und Kraft spielen für ihn neben der Ehre eine sehr wichtige Rolle und verbinden ihn mit dem Orient, vor allem mit dem der Altstadt Bakus: „Viel Blut rann durch die Gassen unserer Stadt – Menschenblut. Und dieses vergossene Blut macht uns stark und tapfer." [AN, 19] Tapferkeit lehrt ihn auch sein Vater, unter Einbezug der Bewahrung ihrer Sitten: „Vergib nie deinen Feinden, mein Sohn, wir sind keine Christen. Denke nicht an morgen, das macht dich feige" [AN, 28].

Safar Khan kann durch seine Ansichten, Sitten und Werte, wie Tapferkeit, die Rolle der Frau und seine Einstellung gegenüber dem Christentum [vgl. AN, 100], ebenso in die Reihe „der Wilden" gestellt werden wie auch Seyd Mustafa mit seinen an Fanatismus grenzenden Ansichten über den schiitischen Islam. Die Gespräche Ali Khans mit seinem Freund Seyd, der die Hilfe durch die „Abtrünnigen" [AN, 93], der Türken, bei dem Kampf um Baku konsequent ablehnt, da diese als Sunniten „schlimmer sind als die Ungläubigen" [ebd.], kreisen nicht nur um Religion, sondern auch um Sitten und Politik – was unter Hinzunahme von Ali Khans Gesprächen mit diversen weisen Männern, wie jenem aus dem Dorf in Dagestan [AN, 158f.], im geringen Maß an die Gespräche zwischen Hans Castorp und Settembrini in Thomas Manns *Zauberberg*[212] erinnert. Obwohl, oder vielleicht auch gerade weil, Seyd Mustafa nicht viel älter als Ali Khan selbst ist, stellt er für ihn eine wichtige beratende Instanz dar. Seine Meinung ist ihm besonders wichtig, obwohl sein Freund die Frau als „nur ein[en] Acker" [AN, 95] ansieht und die Hilfe der Sunniten entscheidend ablehnt. Er stellt die Verbindung Ali Khans zum Islam dar und damit auch zum Orient. Seyd Mustafa ist im Gegensatz zu Nino stolz auf die Teilnahme Ali Khans am Umzug zum Fest Husseins und drückt ihm deshalb für „immer" den Stempel des „gute[n] Mohammedaner[s]" [AN, 241] auf.

Aber nicht nur einzelne Figuren stellen den wilden Orient dar, auch im Allgemeinen erfährt der Leser durch Ali Khans Erzählung, wie wild der Orient im Grunde ist. Dies geschieht durch Verweise auf den „Blutdurst des Orients" [AN, 80], der auch in *Das Mädchen vom Goldenen Horn* durch die Rache Asiadehs an Dr. Kurz, ausgeführt durch Prinz Abdul-Kerim, vorkommt. In *Ali und Nino* treten solche Verweise jedoch noch viel häufiger auf, so beispielsweise auf Ali Khans Absolventenfeier, in Form eines Liedes über die Rache, das von den Russen als „gräßliche Musik" [AN, 39] empfunden wird, oder in Ninos Aussage, das Element Kaukasiens sei der Kampf [AN, 86]. Darüber hinaus gibt es weitere wichtige, an stereotype Darstellung grenzende Beschreibungen des Orients: Das Leben im persischen Harem, in dem Nino sich eingesperrt fühlt, durch ihr Leben im goldenen Käfig, da sie unter der

[212] Mann, Thomas: *Der Zauberberg*, Fischer, Frankfurt a. M. 1974.

Aufsicht des Eunuchen und der fehlenden Entscheidungsfreiheit leidet [vgl. AN, 198ff.].

Hinzu kommen auch allgemeine Darstellungen der orientalischen Sitten und Bräuche, wie beispielsweise Essgewohnheiten [AN, 15 u. 212] oder religiöse Bräuche, wie das Färben des Bartes mit Henna im Angedenken an das von dem Märtyrer Hussein vergossene Blut [AN, 13], das auch in *Öl und Blut im Orient* beschrieben wird.[213] Ein weiterer wichtiger Bestandteil des Orients stellt die orientalische Liebe zur Dichtung dar, die in *Ali und Nino* vor allem durch den persischen Prinzen vertreten wird [vgl. AN, 208ff.], hieran wird auch das vielseitige Orientbild Nussimbaums deutlich – der Orient hat nicht nur die wilde und kämpferische, sondern auch die der Kunst zugewandte und ruhige Seite [AN, 196]. So wird das Kämpferische dem Kaukasus zugeordnet und die Liebe zur Kunst und Ruhe Persien, wo es im Gegensatz zu Aserbaidschan „nicht standesgemäß ist“ [AN, 210], Soldat zu sein. Wobei gerade diese Haltung Persiens bzw. des Prinzen, der sich mehr der Dichtung als der Politik widmet, für das Sterben Persiens bzw. des Iran verantwortlich ist, auch wenn der Iran mit „Grazie“ [AN, 211] stirbt.

Dennoch haften auch den Persern „wilde“ bzw. für Europäer „ungesittete“ Aspekte an. Dazu gehören nicht nur der Harem oder das ekstatische Fest zu Ehren Husseins, sondern auch Sitten, wie beispielsweise das Beglückwünschen zum erfolgreichen Entleeren des Körpers [AN. 209]. Die „kühlen“ Europäern, die von den Persern wiederum als „Barbaren“ [ebd.] bezeichnet werden, würde ein solcher Brauch sicherlich vor den Kopf stoßen, was auch die Erklärung durch Ali Khans Worte („denn sein Körper hatte sich inzwischen des Überflüssigen entleert“ [ebd.]) impliziert. Auf dieses Zusammentreffen oder auch Zusammenprallen und Abstoßen des Orients und Okzidents und der jeweiligen Kultur ist noch genauer einzugehen. Bevor dies geschieht, ist die Darstellung der dem Orient gegenübergestellten europäischen Seite genauer zu betrachten. Diese Darstellung des Okzidents wird, wie be-

---

213 Bey, Essad: *Öl und Blut im Orient*, S. 169.

reits angeschnitten, ebenfalls überwiegend anhand der Vertreter, die in diesem Fall als „die Kühlen“ zusammengefasst werden können, durchgeführt.

5.2.2 „Die Kühlen“

Die Europäer werden in allen drei Romanen als „die Kühlen“ charakterisiert, so beispielsweise bereits am Anfang in *Das Mädchen vom Goldenen Horn:* Asiadeh sieht in den Deutschen „ehemalige U-Boot-Kapitäne“ mit „harten und blauen Augen“ [GH, 12]. Ihrem Vater fehlen wilde Orientalen, als er den Wunsch nach einer Rauferei verspürt, denn die Berliner „traten höflich und teilnahmslos zur Seite“ [GH, 24], wenn er ihnen auf der Straße über den Weg lief. Wichtige Vertreter „der Kühlen“ sind in *Das Mädchen vom Goldenen Horn* vor allem Dr. Kurz, Marion und Alexander Hassa, der trotz der orientalischen Abstammung seiner Vorfahren [vgl. GH, 33f.] sich eher Europa zugehörig fühlt. Für ihn gibt es „nichts schöneres als Wien“ [GH, 34], ganz so, wie es für Nussimbaum[214] kein besseres Land als Deutschland gab, da es „das bestorganisierte und bequemste Land der Welt ist“.[215] Der Orient wiederum ist für Hassa „eine fremde Welt“ [GH, 88], so sieht er auch keinen Grund, der Aufforderung Asiadehs nachzukommen, Dr. Kurz, nachdem dieser ihr zu nahe getreten war, zu töten [GH, 188f.], und stellt in Gesprächen mit seiner Frau immer wieder die Vorzüge Europas in den Vordergrund [GH, 214f.]. Für wilde Ausbrüche schämt er sich eher, denn als seine Exfrau Marion auf einen ehelichen Vorfall zu sprechen kommt, bei dem er gedroht hatte, sie zu erschießen, errötet er und lenkt vom Thema ab [vgl. GH, 227]. Auch seine Exfrau wirkt sehr kühl und distanziert, Marion fehlt es vollkommen an der Leidenschaft,[216]

---

[214] Solche autobiografischen Bezüge treten in Nussimbaums Romanen häufig auf (vgl. S. 38), auch wenn, wie in diesem Fall, es starke Kontraste gibt, da für den Autor selbst, im Gegensatz zu seiner Figur Hassa, die Liebe zu dem europäischen Land nicht mit der Ablehnung des Orients einhergeht.

[215] Bey, Essad: „Lebensläufe von heute: Die Geschichte meines Lebens“, S. 3.

[216] Marions Leidenschaftslosigkeit spielt auf die reale Person Erika an, die in den letzten Aufzeichnungen des Autors als „Monica“ bezeichnet wird, je-

die Asiadeh mitbringt, was besonders an dem Gespräch zwischen den beiden Frauen deutlich wird [vgl. GH, 221 ff.]. Auch über ihren Exmann, der „immer jemandem sein Herz ausschütten" [GH, 223] muss, spricht sie eher leidenschaftslos.

In *Liebe und Erdöl* bilden die Europäer ebenfalls einen Kontrast zu den leidenschaftlichen Orientalen. Der Hauptvertreter „der Kühlen" ist Sir Richard King, der mit seinen „fünfzig Jahre[n]" [LE, 25] zwar der „Industriekönig und Beherrscher der Kontinente" [LE, 31] war, aber „unerfahren in der Kunst der Liebe." [LE, 32] Er verfällt Tamaras Charme, bleibt aber in jeder anderen Situation sehr beherrscht. Selbst nach seinem tiefen Fall, der durch Petros Petrossian hervorgerufen wird, behält Sir Richard King weitgehend einen kühlen Kopf, ganz im Gegensatz zu dem „wilden" Armenier, der sich von Rachegefühlen leiten lässt und ihn in den Ruin treibt [LE, 45 f.]. Rachegedanken liegen dem ehemaligen Ölindustriellen wiederum eher fern, schließlich lädt er sogar Tamaras Familie zu sich ein, nachdem diese ihn bereits verlassen hatte [LE, 50]. Damit steht Sir Richard King prototypisch für das Konstrukt des „kühlen" Europäers, der sich im Gegensatz zu den „wilden" Orientalen nicht vorrangig von Gefühlen, sondern von Vernunft leiten lässt.

Auch in *Ali und Nino* sind die Europäer eher von der „kühlen Sorte", ihre Vertreter erscheinen meist aber nur am Rande oder gehören nicht nur dem Orient, sondern auch dem Okzident an, so wie die Protagonistin Nino. So ist sie zwar mehr Europa zugeneigt als Asien und genießt in ihrem Elternhaus eine europäisch geprägte Erziehung, dennoch unterscheidet sie sich in ihrem Charakter stark von anderen Eu-

---

doch gibt es zu dieser auch Differenzen, denn „Monica" ist der Liebe wegen sogar bereit vom Dach zu springen, wenn „Kurban Said" sie nicht heiraten sollte, vgl. Said, Kurban: „Der Mann, der nichts von der Liebe verstand (III)", S. 44; insgesamt bewahrt sie jedoch einen kühlen Kopf, im Gegensatz zum Autor selbst, der eher zu wilden Ausbrüchen, ähnlich seinen „wilden" Protagonisten fähig ist, vgl. ebd., S. 41 und Said, Kurban: „Der Mann, der nichts von der Liebe verstand (VI)", in: Fuhrmann, Wilfried (Hg.): *Wirre Phantasien eines Orientalisten* (Transkript Heft VI. Manuskript Kurban Said/Essad Bey), Potsdam 2009, S. 46.

ropäern. Dies zeigt sich beispielsweise während des Empfangs in ihrem Haus – ihr entblößter Rücken bereitet ihr Unbehagen [AN, 247], auch wenn sie sich sonst frei mit den Engländerinnen zu unterhalten vermag und dabei Aserbaidschans europäisch geprägte Seite geschickt präsentiert [vgl. AN, 246]. An dieser Stelle streitet sie auch die „wilden" Seiten ihres Landes ab, auch wenn dies einem politischen Kalkül geschuldet ist: „Aber um Gottes willen!! Wir sind doch keine Wilden! Es gibt schon lange keine Vielweiberei in Aserbaidschan." [ebd.] Nino befindet sich stets zwischen dem Orient und dem Okzident, auch wenn sie dem Europäischen mehr zugeneigt ist. Deshalb kann sie nicht klar „den Kühlen" zugeordnet werden, auch aufgrund ihrer bereits dargestellten „wilden" Züge, im Gegensatz zu anderen Vertretern des Okzidents – so z.B. die Engländer, die teils viele Vorurteile gegenüber dem Orient zu haben scheinen [vgl. AN, 426f.].

Die Engländer werden auch durch die Perser als Gegenteil von Orientalen definiert. So sagt Alis persischer Onkel beim Empfang des iranischen Prinzen: „Nun, die Engländer lieben die Arbeit und wir die Schönheit. Sie lieben Kampf und wir lieben Ruhe." [AN, 209] Wobei hier ein eindeutiger Bezug auf den persischen Orient besteht, denn wie bereits erläutert, zeichnet Nussimbaum ein vielseitiges Orientbild. Interessant ist hierbei, dass die Europäer sowohl von den Persern, durch Alis Onkel [AN, 209], als auch durch die Aserbaidschaner, durch den Protagonisten selbst [AN, 10], als Barbaren bezeichnet werden. Hierdurch wird die Subjektivität der Zuweisung durch den jeweils anderen deutlich, die der Autor geschickt einsetzt. Sowohl die Orientalen als auch die Europäer konzipieren in ihrer Wahrnehmung der jeweils anderen ein Gegenteil von sich selbst, was, wie bereits eingangs erläutert,[217] ein üblicher Vorgang bei der Begegnung mit einer fremden Kultur ist. So spielen auch Lev Nussimbaums Darstellungen bis ins Stereotypische dieser Zuweisung hinein, die erst in der Begegnung aufgebrochen werden kann. Anfangs besteht jedoch die Konzeption des

[217] Vgl. Kapitel „Transkulturalität", S. 5 und Janz, Rolf-Peter: „Transkulturalität – in literaturwissenschaftlicher Perspektive", S. 19.

Fremden als das Gegenteil vom Eigenen, was am Beispiel der Engländer und Perser deutlich geworden sein dürfte.

Eine weitere Gruppe, die in *Ali und Nino* eine wichtige Rolle spielt und sich einerseits sowohl „den Kühlen" als auch „den Wilden" zuweisen lässt, stellen die Russen dar. Interessanterweise stand Russland und seine Bewohner schon immer im „Dazwischen" – zwischen dem bedrohlichen Orient und dem zivilisierten Europa, was sich auch literarisch zurückverfolgen lässt.[218] So wurde Russland aus europäischer Sicht oft als orientalisch wahrgenommen, anderseits ist seine geografische und kulturelle Nähe zu Europa nicht zu verkennen, weshalb es in eine Art Zwischenraum geraten bzw. nicht eindeutig dem Orient oder dem Okzident zuzuweisen ist.[219] Diese Schwierigkeit der Zuweisung brachte mit sich, dass Russland „als Europa mit Vorbehalt, als in irgendeiner Hinsicht defizitäres"[220] Europa wahrgenommen wurde, was auch heute noch zum Teil der Fall ist. So wird Russland nicht immer als „Europa", sondern wenn, dann als „Osteuropa" wahrgenommen, was eine zumindest anteilige Zugehörigkeit zum Orient impliziert, obwohl es unterschiedliche Sichtweisen im Laufe der Geschichte auf Russland und die Russen gab, von der Wahrnehmung als Wilde,[221] über Voltaires Idealisierung,[222] hin zu modernen Darstellungen Russlands.

Diesen Status weisen die Russen auch in *Ali und Nino* auf, einerseits vertreten sie die europäische, „zivilisierte" Seite Bakus, anderseits

---

218 Vgl. Stemberger, Martina: „Westöstliche Metarmorphosen: (De)Konstruktion des ‚Orients' in europäischen Russland-Diskursen", in: Ulbrecht, Siegfried: *Germanoslavica. Zeitschrift für germano-slawische Studien*, Jahrgang 21 (2010), Heft 1–2, S. 3ff.
Und: Sauerland, Karol: „Vom Osten kommt das Glück, vom Osten kommt die Gewalt", in: Wergin, Ullrich u. Sauerland, Karol (Hg.): *Bilder des Ostens in der deutschen Literatur*, Königshausen & Neumann, Würzburg 2009. S. 7f.

219 Ebd., S. 4.

220 Ebd.

221 Sauerland, Karol: „Vom Osten kommt das Glück, vom Osten kommt die Gewalt", S. 13f.

222 Ebd, S. 15ff.

stehen sie aber doch in derselben Reihe mit anderen Europäern, wie Engländern oder Deutschen. So sind die russischen Lehrer Europa sehr zugeneigt, was sich bereits am Anfang durch den Gymnasialdirektor zeigt [AN, 3ff.], der die orientalische Kultur bis hin zur Musik ablehnt [vgl. AN, 39]. Diese Ablehnung ist aber auch durch Angst begründet – die Mohammedaner stellen für die Russen eine Bedrohung dar,[223] so „fürchten sich [die russischen Lehrer] vor den Banditen, die ihre Schüler sind" und lassen deshalb „nur ungern einen Mohammedaner durchfallen" [AN, 23]. Und auch wenn es gerade die Russen am Anfang des Romans sind, die Baku verwalten und europäisieren wollen, so werden bei Kriegsbeginn auch Mohammedaner in die Armee des Zaren aufgenommen. Die Russen bzw. die russischen Truppen sind dann aber auch diejenigen, die nach dem Einmarsch in Baku zum Fall Bakus und des Protagonisten Ali Khan führen, sie stehen auch aufgrund der politischen Verhältnisse nicht in einer Reihe mit anderen Europäern, wie beispielsweise den Engländern, die Baku zeitweilig schützen.

Durch diese Positionierung der Russen und Russlands zwischen Orient und Okzident, wobei sie mehr dem Okzident zugeneigt sind,[224] zeigt sich zusätzlich, dass Lev Nussimbaum nicht nur ein differenziertes Bild des Orients nachzeichnet, sondern auch die Vielseitigkeit des Okzidents durchaus mitberücksichtigt, hierbei wird seine eigene transkulturelle Position deutlich. Ein weiteres Beispiel für das Stehen zwischen den beiden Kulturen stellen auch die Georgier und Georgien dar, das sich ebenfalls zwischen Orient und Okzident befindet und nicht mehr Asien, aber doch noch nicht Europa ist [vgl. AN, 118]. Nachdem nun die Darstellung der Kulturkreise und deren einzelner Vertreter erfolgt ist, kann zur Begegnung der beiden Kulturen und damit einhergehender

---

223 Das Gefühl der Bedrohung durch das Fremde führt hier zu dessen Ablehnung, vgl. Sundermeier, Theo: „Religion und Fremde", S. 549.

224 Trotz der allgemein schwierigen Zuordnung, werden die Russen im Großen und Ganzen in ihrer Position in Baku bzw. im Kaukasus von Nussimbaum eher der europäischen Seite zugeordnet, die „fühlten sich [...] als Träger höherer europäischer Weisheit" im Kaukasus, wo mehr als irgendwo sonst auf der Welt „Ost und West [...] [so] hart aufeinanderstoßen": Bey, Essad: *Der Kaukasus. Seine Berge, Völker und Geschichte*, S. 137.

Vereinbarkeit bzw. Unvereinbarkeit des Orient und Okzidents übergegangen werden, sowie zur Betrachtung der transkulturellen Aspekte, die bisher nur angeschnitten wurden.

5.3 Das Aufeinanderprallen der Kulturen

Die Kulturen begegnen sich in den betrachteten Romanen nicht nur, sie prallen regelrecht aufeinander. Dies ist in *Liebe und Erdöl* der Fall, verkörpert vor allem von Tamara und Sir Richard King; ebenso in *Das Mädchen vom Goldenen Horn,* was besonders durch Asiadehs Ehe mit Hassa deutlich wird; aber auch im dem Roman *Ali und Nino,* der in besonderem Maße durch transkulturelle Verflechtungen gekennzeichnet ist. Bei dieser Begegnung bzw. dem Aufprall der Kulturen und deren Übergang ineinander sind viele Aspekte zu berücksichtigen: Wertesysteme, Sitten, Aufgeschlossenheit oder Ablehnung gegenüber dem Anderen, Erziehung, Bindung zur eigenen Kultur sowie persönliche Ansichten.

Wertesysteme spielen dabei eine herausragende Rolle, was am bereits aufgezeigten Beispiel der Ehe bzw. der Liebesbeziehung, augenfällig wird. Die orientalischen Werte in einer Ehe stehen hier den westlichen gegenüber. So ist das Pflichtbewusstsein der orientalischen Frau in allen drei Romanen von großer Bedeutung,[225] Tamara, Asiadeh und Nino verkörpern diese „orientalische Ehefrau“ zwar auf sehr unterschiedliche Weise, das Pflichtbewusstsein und die Treue gegenüber ihren Ehemännern haben sie jedoch alle drei gemeinsam. Tamara kehrt zu Sir Richard King zurück, da sie aufgrund ihrer Erziehung und des damit erlernten Wertesystems nicht anders kann, als den Treuebruch an ihm wiedergutzumachen.[226] Auch Asiadeh hält Hassa bis zu dem Zeitpunkt die Treue, bis er diese selbst bricht, was jedoch durch sie initiiert wurde, um ihre andere Pflicht, „Dienerin im leeren Haus Osman“ [GH, 156] zu werden, zu erfüllen. Nino ist

---

[225] Vgl. S. 74.

[226] Vgl. S. 59 u. S. 74.

ihrem Ali ebenfalls treu, bis auf den impulsiven Versuch, mit Nachararjan das Land zu verlassen, und erfüllt in den meisten Situationen ihre Pflichten, auch wenn sie in Persien zeitweilig aufbegehrt. Doch nicht nur die orientalischen Frauen haben ihre Pflichten, sondern auch die Männer gegenüber ihren Frauen. Dazu gehören die Treue gegenüber der oder den Ehefrauen [vgl. AN, 100], Gleichbehandlung der Frauen, insofern mehrere vorhanden sind [AN, 12] (auch wenn es besser ist, sich mit einer zu begnügen [vgl. AN, 100]) und vor allem der Schutz der Frau und des Hauses [GH, 72 und AN, 101]. Dieses Wertesystem der Ehe steht der europäischen Auffassung gegenüber. Zwar ist die Treue auch den Europäern wichtig, so legt z.B. Hassa, der durch den vorangegangenen Ehebruch seiner Exfrau geprägt ist, besonderen Wert auf die Treue Asiadehs [vgl. GH, 69], aber der Treuebruch hat bei den Europäern nicht dieselben Konsequenzen wie bei den Orientalen. Die Scheidung Hassas von Marion ist aufgrund ihres Ehebruchs aus orientalischer Sicht eine „Schande" [GH, 62], die Asiadeh nicht auf sich ziehen will. Auch Alis Reaktion auf Ninos Entführung durch Nachararjan zeigt deutlich, wie im dargestellten Orient mit dem Treuebruch umgegangen wird, während in europäischen Kulturen solche Konsequenzen nicht gezogen werden. Asiadeh ist erstaunt, dass Hassa Marion und ihren Liebhaber, nachdem er von dem Ehebruch erfahren hat, nicht umgebracht hat, während er „beinahe beleidigt [ist] bei dem Gedanken, daß Asiadeh ihn für eines Mordes fähig" [GH, 50] hält. Hier scheitert der Versuch der Suche nach Ähnlichkeiten im Gegenüber, die zu einem besseren Verständnis führen könnten,[227] aufgrund der divergenten kulturellen Prägungen, die unterschiedliche Werte mit sich bringen. Während Asiadeh vordergründig die Ehre, die durch den Ehebruch verletzt wurde, sieht, stellt für Hassa ein Mord einen Verstoß gegen das eigene Wertesystem dar. Die unterschiedlichen Verhältnisse von Mann und Frau zueinander im Okzident und Orient führen auf verschiedenen Ebenen zum Aufprall der beiden Kulturen. So ist beispielsweise die

[227] Antor, Heinz: „Multikulturalismus, Interkulturalität und Transkulturalität ...", S. 35.

„Nacktheit der Frau" ein Punkt, bei dem die beiden Vorstellungen weit auseinanderdriften.

Nicht nur Ali Khan kommt nicht damit zurecht, dass Nino ihren Rücken beim Empfang der Engländer entblößt, sondern auch sie selbst fühlt sich nicht wohl dabei [AN, 247]; auch wenn sie das Tragen eines Schleiers von Anfang an ablehnt, ist ihr diese Entblößung doch unangenehm. Extremer ergeht es Asiadeh, die im Gegensatz zu Nino nichts gegen eine Verschleierung hätte. Die Nacktheit löst bei Asiadeh regelrechte Angstzustände aus, wie sich bei dem Ausflug mit Hassa am Strand zeigt: Sie schämt sich ihrer eigenen Nacktheit im Badeanzug, der dem „Gewand einer Bajadere" [GH, 29] gleicht und den sie ohne Hilfe auch nicht fähig war, richtig anzuziehen [GH, 30]; aber auch die Nacktheit der anderen Badegäste beschämt sie [GH, 31]. Bei dem Versuch, sich anzupassen scheitert Asiadeh aufgrund der ihr anerzogenen Sitten. Bestätigung über die Andersartigkeit der Europäer findet sie auch in dem Buch des „Ritters Usama", auf das sie zufällig in der Bibliothek aufmerksam wird. Durch dieses „Buch der Belehrung"[228] erkennt sie, dass die Überwindung der Kulturunterschiede unmöglich sein kann und Hassa ein „Franke" [GH, 197] bleiben wird, der die Nacktheit der Frau in der Öffentlichkeit als nichts Anstößiges empfindet, ebenso wie den direkten Umgang von Männern und Frauen, die nicht miteinander verheiratet sind. Die „Franken", die im „Buch der Belehrung" exemplarisch für die Kultur des Okzidents stehen, sehen nämlich nichts Falsches daran, wenn eine verheiratete Frau mit einem fremdem Mann ohne die Anwesenheit ihres Ehemannes spricht oder daran, dass ein Vater seine fast erwachsene Tochter mit in ein Badehaus nimmt, um ihr bei der Körperpflege behilflich zu sein, und selbst wenn ein Mann aus Franken einen Freund im Bett neben seiner Frau erwischt und dieser es plausibel erklärt, so droht der Franke höchstens damit, bei Wie-

---

[228] Das genannte Buch existiert tatsächlich, es handelt sich um ein autobiografisches Werk des arabischen Schriftstellers und Politikers Usama ibn Munqidh (1095–1188): *kitab al-i'tibar* „Buch der Belehrung durch Beispiele", in dem er retrospektiv seine Wahrnehmung von den seltsamen Sitten der Franken berichtet, die er in Zeiten der Kreuzzüge im Heiligen Römischen Reich als Diplomat selbst miterlebte.

derholung in ernsthaften Streit zu geraten [GH, 196f.] – diese überspitzten Darstellungen sollten als Orientierungshilfe für zukünftige Europa-Reisende dienen. Interessant ist dies insbesondere deshalb, da es an die Reiseberichte der Orientreisenden erinnert, nur eben aus der umgekehrten Perspektive – ein Bild des Okzidents aus Sicht eines Orientalen, als Spiegelung des negativen Bildes des Orients[229] aus dem Blickwinkel der Europäer. Nussimbaum nutzt geschickt diesen intertextuellen Bezug, um die Protagonistin Asiadeh die „andere" Kultur und deren Sitten begreifen zu lassen, wobei sie diese nicht annehmen kann, was zur Ablehnung der europäischen Lebensweise führt, in der nicht nur die Männer seltsam erscheinen, sondern auch die „Frauen der Ungläubigen" [GH, 72], die „geschminkt" mit Männern zusammen feiern und mehrfach heiraten [GH, 133f.], was für Asiadeh ebenso unmöglich wie der Ehebruch erscheint, von dem sie anfangs glaubte, er würde nur in Romanen und nicht im wahren Leben vorkommen [GH, 69]. Diese Ablehnung gebührt damit auch Hassa, der „nicht der Mann [war], der der Vater ihrer Kinder sein könnte" [GH, 198]. Ihr Ehemann wiederum kann den Orient nicht annehmen, er gibt dem europäischen Kulturraum den Vorzug und versteht nicht, wieso er seinen Freund Dr. Kurz umbringen sollte, nachdem dieser Asiadeh zu nahe getreten war; und er kann mit der orientalischen Lebensweise nichts anfangen, denn der Orient stellt für ihn „eine fremde Welt" [GH, 88] dar. Selbst zu seinen eigenen Verwandten aus Sarajewo, die für ihn „beinahe Türken" und eine „wilde Sippe" [ebd.] sind, hat er keinen Bezug – ganz im Gegensatz zu seiner Frau. Beide finden aus diesem Grund keinen wirklichen Zugang zueinander und konstruieren ihre Identität durch ihre Vergangenheit, indem sie ihre jeweilige Geschichte für sich erzählen und als identitätsstiftend wahrnehmen.[230] Hassa bezieht dabei jedoch vor allem seine jüngste Vergangenheit mit ein und legt keinen großen Wert auf seine orientalische Abstammung, die Generationen zurück-

229 Mommsen, Katharina: *Orient und Okzident sind nicht mehr zu trennen*, S. 38.

230 Hier spielt die narrative Identität mit rein, die bereits erläutert wurde, vgl. Ricoeur, Paul: „Narrative Identität", S. 210f.

liegt. Asiadeh wiederum, die im orientalischen Raum aufgewachsen ist, ist stark mit der orientalischen Kultur verwurzelt und denkt immer wieder an ihre „wilden Ahnen" zurück. Für sie ist ihre Abstammung ein wichtiger Teil ihrer Selbst und gehört zu ihrer Identität, die sich aus der Narration der eigenen Geschichte und den Rückbezug auf ihre Abstammung zusammensetzt.

Der Bezug auf die eigenen Wurzeln, auf die Abstammung, ist im Orient ein fester Identitätsbestandteil, ebenso wie Gottergebenheit und Gottvertrauen: „im Orientalischen herrscht der Vater vor, im Okzidentalen der Sohn" [GH, 131]. Während der „Westen [...] losgelöst von dem großen All" ist und in ihm „das Individuelle" [GH, 130] vorherrscht, richtet sich der Orient mehr nach Gott und einem übergeordneten Ziel. So beugt sich Tamara in *Liebe und Erdöl* aus Liebe zu ihrem Land den Gesetzen Gottes und ihrer Ahnen, während in Europa die meisten dem Geld folgen. Ebenso verhält es sich mit Ali Khan, der aus Überzeugung, tiefem Glauben und Ergebenheit für seine Heimat kämpft und fällt. Anhand des Protagonisten von *Ali und Nino* wird der Zusammenprall der Kulturen besonders auffällig – er und seine Nino vertreten innerhalb ihrer Beziehung die beiden unterschiedlichen Positionen ihrer jeweils bevorzugten Kultur. Als Metapher hierfür dienen der „Wüstenmensch" und der „Waldmensch" [AN, 53]. Ali ist ein „Wüstenmensch", der dem Orient zugehört, während die „Welt der Bäume [ihn] verwirrt", also die Welt des Okzidents. Hier besteht eine erneute Parallele zum Autor selbst, der über sich schreibt: „Ich liebe [...] den Anblick der flachen, grauen, angeblich so trostlosen Wüsten, die durch keinen Baum verunstaltet sind".[231] So ergeht es auch seinem Protagonisten, der den Wald und damit das Europäische als verwirrend und unsicher, gar zwielichtig empfindet [AN, 52]. Der greise georgische Fürst Dadiani, mit dem Ali Khan diese Unterhaltung über „Waldmensch" und „Wüstenmensch" führt, erklärt diese Typisierung zum „Hauptunterschied zwischen Ost und West" [AN, 53], dass dies ein alter Mann sagt, liegt wiederum daran, dass Nussimbaum nicht nur die

[231] Bey, Essad: „Lebensläufe von heute: Die Geschichte meines Lebens", S. 3.

Wüste und die Monarchie liebte, sondern auch „alte Leute gleichviel welcher Konfession, Nation oder Parteizugehörigkeit“[232] und er diesen daher die entsprechende Weisheit zutraut:

> Die trockene Trunkenheit des Orients kommt von der Wüste, wo heißer Wind und heißer Sand den Menschen berauschen, wo die Welt einfach und problemlos ist. Der Wald ist voller Fragen. Nur die Wüste fragt nichts, gibt nichts und verspricht nichts. Aber das Feuer der Seele kommt vom Wald. Der Wüstenmensch – ich sehe ihn – er hat nur ein Gefühl und kennt nur eine Wahrheit, die ihn ausfüllt. Der Waldmensch hat viele Gesichter. Der Fanatiker kommt von der Wüste, der Schöpferische vom Walde her. [AN, 53]

Diese Zuweisung wird auf den Orient und den Okzident übertragen, wobei die Georgier und die Armenier als Waldmenschen gelten [vgl. AN, 53]. Daher ist der Konflikt zwischen dem „fanatischen“ Ali, der sich während ihres Aufenthalts in Persien wohlfühlt und sogar beim Hussein-Umzug in eine fanatische Trance verfällt, und der vielseitigen Nino, die sich im Wald wohl und Europa zugehörig fühlt und der die menschenleere Wüste nicht zusagt [AN, 56], vorprogrammiert. Die Wüstenmensch-Metapher birgt auch die Suche nach Ordnung im Orient in sich. Dieses Motiv kommt in der Literatur der Moderne häufig vor und propagiert die Abkehr vom unübersichtlichen Lebensalltag, hin zu schlichter, ursprünglicher Einfachheit, die im Orient im Gegensatz zu Europa noch zu finden ist.[233] Ali sehnt sich immer wieder nach dieser Ordnung und der einfachen klaren Wahrheit des Orients, „die Seele Asiens“ zieht ihn immer wieder an, hin „zu den Kamelen, zu den Menschen, die sie führten, zum Sand.“ [AN, 73]

Diese Ordnungssuche lässt sich auch bei Asiadeh feststellen. Sie versucht zunächst die Ordnung innerhalb der europäischen Gesellschaft nach dem Muster des gewohnten orientalischen Modells zu finden, scheitert jedoch daran und versucht die gottgewollte Ordnung wieder-

[232] Ebd., S. 3.

[233] Vgl. Samsami, Behrang: *Die Entzauberung des Ostens*, S. 33ff.

herzustellen, indem sie Marion und Hassa wieder zusammenbringt, damit sie selbst ihrer Bestimmung, dem Haus Osman zu dienen [vgl. GH, 259ff.], folgen kann. Hier wird erneut das Vertrauen des Orients auf Gottes Vorsehung sichtbar: „Unerforschlich sind aber die Wege Allahs!! […] Wir beide [Asiadeh und Marion] waren nur Werkzeuge in der Hand des Allmächtigen." [GH, 259f.] Bei diesem Gottvertrauen spielt wieder der „orientalische Fatalismus"[234] mit hinein, der auch in *Liebe und Erdöl* vorkommt [vgl. LE, 31] sowie in *Ali und Nino* durch Ali Khans Vertrauen auf Gottes Vorbestimmung, was eine wichtige Rolle für die orientalische Kultur spielt. Wie erwähnt, ist der Glaube an Gott und Vorbestimmung auf der europäischen Seite in allen drei Romanen nicht gerade ausgeprägt. Viel eher verlassen sich die Europäer auf die eigene Handlungsfähigkeit als auf göttliche Fügung, sowie auf Technik und Fortschritt, was durch die Ausführungen des Gymnasialdirektors [AN, 5ff.] oder Alexander Hassas [GH, 75] sichtbar wird. Das fortschrittliche Europa verlässt sich vor allem auf menschliche Fähigkeiten, das scheinbar rückständige Asien wiederum auf Gottes Willen, der die Ordnung (wieder-)herstellt.

So findet beispielsweise auch Asiadeh in allem den Willen Gottes und in den Menschen die Diener und Werkzeuge des Allmächtigen. So traut sie Hassa, der als Arzt „ein Mann von einem so niederen Beruf" [GH, 29] für sie ist, nicht zu, einen erkrankten Derwisch in Bosnien zu heilen: „Es war klar, daß das westliche Wissen dort ohnmächtig war, wo Gott gesprochen hatte." [GH, 93] Umso überraschter ist sie, als es zur Heilung nach der von Hassa erfolgreich durchgeführten Operation kommt. Die Freude über diese Heilung mischt sich mit Erschütterung über die Macht der westlichen Medizin und der ihres Mannes: „Hassa hatte gesiegt, und es war schmerzlich und freudvoll, nicht mehr die Tochter eines Paschas, sondern die Frau eines Mannes zu sein, der den Tod besiegen konnte." [GH, 102] Hassa selbst ist sehr zufrieden damit [ebd.], dass er seiner Frau den Vorsprung der westlichen Medizin gegenüber dem Wissen des Orients aufzeigen konnte. Dies macht für ihn

---

234 Dieser „orientalische Fatalismus" wird auch im autobiografischen Werk des Autors zum Thema, vgl. Bey, Essad: *Öl und Blut im Orient*, S. 20.

ihr sonstiges Desinteresse an seinem Beruf [GH, 90] beinahe wieder wett. Dennoch bleibt der kulturelle Konflikt innerhalb ihrer Ehe bestehen, da der Versuch, einander gegenseitig besser zu verstehen, auch hier nicht weit genug geht, um zum Verständnis des jeweils anderen beizutragen.[235] Stattdessen fügt Asiadeh sich durch die Erkenntnis über die Macht ihres Mannes noch mehr in die Rolle der orientalischen Ehefrau ein, die ihrem „Manne [eine] demütige Sklavin“ [GH, 101] zu sein hat, was jedoch nicht im Sinne Hassas ist, der nur ihr zuliebe nach Sarajewo gereist war und gar nicht erst diese Demut von ihr erwartet.

Die Frage der Rollenverteilung in einer gemischten Ehe führt wiederum zum Kulturaufprall, denn wie bereits angeführt, gehen hierbei das europäische und das orientalische Verständnis weit auseinander. Einen guten Einblick gewährt Nussimbaum in diese Vorstellungen durch die Ratschläge der Eltern der Protagonisten. Auf der einen Seite haben wir die orientalischen Väter: Achmed-Pascha, der seine Tochter Asiadeh auf ihre einzige Pflicht, „dem Mann zu dienen und Kinder zu erziehen“, sowie dabei „schön, tapfer und klug“ [GH, 72][236] zu bleiben, einschwört und den Segen an den künftigen Schwiegersohn mit dem Hinweis versieht, er solle seine Tochter, die er gut erzogen habe, verstoßen, falls sie sich dennoch falsch benimmt [GH, 67]; und Safar Khan, der seinem Sohn Ali rät, seine Frau nicht zu lieben und nicht auf ihre Ratschläge zu hören, ihr aber treu und mit ihr geduldig zu sein, denn „Frauen sind wie Kinder, nur um vieles listiger und bösartiger“ [AN, 100f.]. Auf der anderen Seite stehen Ninos Eltern, die ein anderes Verständnis von Ehe haben, der Fürst Kipiani betont bei seinem Segen

---

[235] Antor, Heinz: „Multikulturalismus, Interkulturalität und Transkulturalität ...“, S. 35.

[236] Achmed-Pascha ist stolz auf die Erziehung und Bildung seiner Tochter, vgl. GH, 39, diese Erziehung impliziert aber nicht nur, dass die Frauen lernen, ihren Männern zu dienen, sondern durchaus auch andere Aspekte, wie Asiadehs Mehrsprachigkeit, Kenntnisse in Kunst und Literatur, sowie andere kulturelle Kenntnisse. Dass dieses in der Erziehung der orientalischen Frauen, zumindest der aus gehobenen Kreisen, auch eine wichtige Rolle spielt, stellt der Autor auch in *Öl und Blut im Orient* dar, vgl. Bey, Essad: *Öl und Blut im Orient*, S. 144.

„gegenseitiges Vertrauen und gegenseitige[...] Achtung" [AN, 110], sowie die Gleichberechtigung von Mann und Frau innerhalb der Ehe. Dass es bei diesen unterschiedlichen Vorstellungen zu Konflikten kommen muss, ist unvermeidbar, dennoch zeigt Ali Khan Verständnis für seine Nino, und Asiadeh nimmt sich auch den zweiten Rat ihres Vaters („wer zum Herrschen geboren ist, herrscht auch hinter dem Schleier" [GH, 72]) sehr zu Herzen und nimmt die Zügel auch in ihrer vermeintlich untergeordneten Rolle als dienende und unterwürfige Ehefrau in die Hand.[237] Nino wiederum will Ali Khan dienen und fügt sich während ihrer Zeit in dem Dorf in Dagestan ohne Schwierigkeiten in diese Rolle, sehr zu Freude von Safar Khan [vgl. AN, 175f.]. Dass diese Unterordnung möglich ist, liegt zum einen an ihrer Liebe zu Ali Khan, die für Nino die Integration in die kleine orientalische Welt des Dorfes möglich macht; zum anderen spielen jedoch auch andere Faktoren mit hinein, wie der Reiz der Fremdheitserfahrung[238] sowie die Ruhe und die Ordnung,[239] die der Orient in diesem Fall mit sich bringt. So ist es Nino möglich, in diesem Ausnahmefall die Kluft zwischen den Kultu-

---

[237] Asiadeh will zwar ihrem Mann dienen und weist ihre Herrschaftsansprüche über den Mann zurück, z.B. als John Rolland ihr von dem Volk der Tarki berichtet, bei dem die Frauen „über die Männer herrschen" [GH, 178 u. 201] und ihr schreibt, sie solle nachkommen, wenn sie auch herrschen wolle [GH, 178]. Asiadeh erwidert nur: „Bin nur eine Frau, will nicht über die Männer herrschen" [GH, 182], dennoch ist sie es, die die Entscheidung trifft, Hassa für John Rolland zu verlassen, der als orientalischer Mann „arm und nackt [...] ohne Frau ist" [GH, 201] und damit halt- und heimatlos ist [GH, 206], was wiederum eine Parallele zum Autor selbst zeigt, der sich als Einheit mit seiner Frau gesehen und die Trennung von ihr als großen Schmerz empfunden hatte, vgl. Said, Kurban: „Der Mann, der nichts von der Liebe verstand (VI)", S. 38.
Die Herrschaft der Frau über den Mann im Orient wurde auch Nussimbaums Autobiografie zum Thema, dort kommt die Frauenherrschaft beim kaukasischen Volk der Jessaien vor: Bey, Essad: *Öl und Blut im Orient*, S. 46f. Dass dies eine seltsame Verkehrung und durchaus sehr ungewöhnlich für den Orient ist, stellt der Autor ebenfalls dar [vgl. ebd., S. 48] und verweist damit erneut auf die Vielschichtigkeit des Orients.

[238] Vgl. Kapitel 2.

[239] Samsami, Behrang: »*Die Entzauberung des Ostens*«, S. 33f.

ren durch das Hineinversetzen in das Andere zu überbrücken[240] und sich in die Rolle der orientalischen Ehefrau einzufügen. Diese Fügung funktioniert im späteren Verlauf jedoch im persischen Harem nicht mehr, da der Kontrast zur eigenen Kultur, die äußeren Zwänge und die fehlenden Freiräume dem im Wege stehen. So ist Nino für den Besuch der Eltern in Persien sehr dankbar und entflieht gern aus der extremen orientalischen Welt in die Gesellschaftsrunden „mit anderen Europäern" [AN, 221], was Ali Khan aus Mitleid mit ihr hinnimmt, denn ihr Unglück ist unerträglich für ihn [AN, 215] – ähnlich wie sein eigenes Dasein, das er in Europa fühlen würde [vgl. AN, 254]. Die Überwindung des Konflikts der Kulturen in der Beziehung von Ali und Nino ist nur im transkulturellen Baku[241] oder in dem kleinen Dorf in Dagestan möglich, dort, wo Ali Khan seinen kleinen Orient ausleben kann und Nino die europäische Welt zumindest in Form von Freiheit, Büchern und Spielplatten genießen kann [vgl. AN, 174f.]. Wobei Baku, „wo Asien und Europa unmerklich ineinander übergehen" [AN, 254], als beste Lösung für beide erscheint, denn trotz des gegenseitigen Verständnisses, das durch den Dialog, das Einfühlen in den jeweils Anderen und dessen Kultur[242] sowie durch Übernehmen von Verantwortung für den Anderen,[243] vonstatten geht, ist dies nur in diesem bestimmten äußeren Rahmen möglich. Baku dient dabei als Brücke, als Rückzugsort, der beim Zusammenprall der Kulturen nicht zwangsläufig zur Ablehnung des Anderen führt.

---

240 Vgl. Janz, Rolf-Peter: „Transkulturalität – in literaturwissenschaftlicher Perspektive", S. 24.

241 Die Stadt Baku dient gleichzeitig als Ort der Begegnung und des Zusammenpralls der Kulturen, der die Unterschiede von Ost und West deutlich als anderswo hervortreten lässt [vgl, Bey, Essad: *Der Kaukasus. Seine Berge, Völker und Geschichte*, S. 137.], andererseits bietet Baku gerade als Raum, der verschiedene Kulturen und deren Vertreter in sich beherbergt, die Möglichkeit zur positiven Begegnung und Vereinigung bzw. friedlichem Miteinander der Kulturen, solange die eine Kultur nicht versucht, die andere zu verdrängen.

242 Janz, Rolf-Peter: „Transkulturalität – in literaturwissenschaftlicher Perspektive", S. 24.

243 Ricouer, Paul: Das Selbst als ein Anderer, S. 202.

Diese Möglichkeit besteht für Asiadeh und Alexander Hassa nicht, die beiden Welten prallen hier zu stark aufeinander, ohne die Möglichkeit eines Rückzugsortes, der beide Kulturen zusammenführen könnte. So fühlt sich Asiadeh letztlich Prinz Kerim alias John Rolland mehr verbunden, da er ihre Werte und Sehnsüchte teilt. Der Prinz ist das völlige Gegenteil von Hassa, weshalb es bei deren Begegnung auch zu einem Konflikt kommt. Hassa lehnt die orientalische Kultur ab, während John Rolland die „Erdgebundenheit" des Orients als positiv und nicht als „Unkultur" [GH, 252] bewertet, sowie die Jenseitsbetonung Asiens, das im Gegensatz zu Europa auf das „Vergängliche" in der Kunst verzichten kann [GH, 253]. Ähnlich wie Ali Khan schätzt Prinz Abdul-Kerim den Orient mit seiner Schlichtheit und Ruhe, während Hassa alles Orientalische ablehnt, was womöglich in der Angst vor dem Fremden begründet ist,[244] das aber aufgrund seiner serbischen Abstammung [GH, 34] letztlich doch zu seinen Wurzeln gehört. Er negiert diesen Teil seiner Identität jedoch [ebd.] und lässt seine Abstammung in der Narration[245] der Identität außer Acht, den historischen Aspekt erweitert er um die mehr oder weniger fiktive[246] Konstruktion seiner selbst als reinen Europäer, worin seine Ablehnung des Orients begründet liegt und weshalb auch die Beziehung zu Asiadeh nicht funktioniert – wobei Asiadehs starker Bezug zu ihrer eigenen Kultur und auch die Ablehnung des Europäischen ihrerseits[247] auch wesentlich dazu beitragen.

Es kommt daher auf vielen Ebenen und in zahlreichen Begegnungen zu einem Zusammenprall der Kulturen, der oft zu Unverständnis, Ab-

---

[244] Sundermeier, Theo: „Religion und Fremde", S. 549.

[245] Vgl. Kapitel 2.

[246] Vgl. Ricoeur, Paul: *Zeit und Erzählung*, S. 399.

[247] Asiadeh ist mit ihrer Kultur und Religion so stark verbunden, dass sie es z.B. ablehnt, Weihnachten zu feiern. Nicht einmal Hassa zuliebe ist sie dazu bereit, wodurch es zu einer Krise kommt und Hassa sogar in seiner Enttäuschung Marion erwähnt, die „obzwar [...] eine sehr schlimme Frau war, doch nie etwas gegen Weihnachten hatte" [GH, 211]. Dieses Beispiel zeigt deutlich, dass eine Überbrückung der kulturellen Unterschiede im Falle von Hassa und Asiadeh nicht möglich ist, da beide sehr an ihrer eigenen kulturellen Prägung festhalten und bei grundlegenden Sitten und Bräuchen wenig kompromissbereit sind.

lehnung und unüberwindlichen Differenzen führt. Aber dies ist eben nicht immer der Fall, die Begegnung zwischen den Kulturen hat oft auch gelingende Momente, die zu freundschaftlichen, verständnisvollen und aufgeschlossenen Verhältnissen führen. Die Ablehnung des Anderen, des Fremden ist nicht zwangsläufig gegeben. Selbst Randfiguren erweisen der anderen Kultur teilweise Hochachtung, wie z.B. der englische Beamte, den Ali und Nino bei sich empfangen, und der einst Konsul in Persien war [vgl. AN, 249]. Eine besonders aufgeschlossene Haltung bei der Begegnung mit dem Anderen zeigen jedoch vor allem die Protagonisten Ali und Nino, sowie Asiadeh, auf deren Transkulturalität am Ende des folgenden Kapitels noch näher eingegangen wird. Zunächst muss hierzu jedoch noch das Verhältnis von Fremde und Heimat genauer beleuchtet werden.

6. Heimat, Fremde und Vereinbarkeit der Kulturen

Der Bezug der Orientalen zur Heimat, zu den eigenen Wurzeln ist, wie bereits gesehen, von großer Bedeutung. Dieser Bezug zum Eigenen wirkt sich auch auf die Begegnung mit dem Fremden aus und auf die Suche nach dem Eigenen im Fremden. Wie wichtig diese Aspekte, auch im Bezug auf die Transkulturalität,[248] sind, wurde in den vorangegangenen Kapiteln bereits dargestellt. Nun gilt es die Fremdheitsgefühle und den Begriff der Heimat, die die Figuren in den drei Romanen empfinden, genauer zu beleuchten. Denn gerade die Heimat, das Gefühl der Verbundenheit mit dieser – oder im Umkehrfall das Fehlen der Heimat, die Heimatlosigkeit in der Fremde – hat weitläufige Auswirkungen auf die Figuren in den Romanen und ihre Fähigkeit, transkulturelle Verbindungen einzugehen.

6.1 Heimat und Fremdheitsgefühle

Das Fremde, das zunächst als Gegenteil vom Eigenen bzw. der eigenen Kultur konstruiert oder empfunden wird,[249] kann sich bei genauerem Betrachten als gar nicht so fremd wie gedacht erweisen, was letztlich auch zu Enttäuschung der Erwartungen führen kann.[250] Dennoch gelingt der Versuch, Ähnlichkeiten zu finden, was zu einem besseren Verständnis und gütlichen Zusammensein mit dem Anderen führen kann,[251] nicht immer. Und so erzeugt die Begegnung mit dem Fremden bei den Protagonisten und Protagonistinnen in den drei betrachteten Romanen gemischte Gefühle.

---

[248] Vgl. Kapitel 2.

[249] Vgl. ebd.

[250] Vgl. Samsami, Behrang: *Die Entzauberung des Ostens*, S. 36.

[251] Vgl. Antor, Heinz: „Multikulturalismus, Interkulturalität und Transkulturalität ...“, S. 35.

Das Gefühl der Fremdheit erzeugt in Tamara paradoxerweise immer wieder ihr eigener Ehemann, den sie zugegebenermaßen nur aus politischen Gründen geheiratet hatte. Sir Richard King stellt für sie den „blauäugigen Fremden“ [LE, 31] dar, zu dem sie bis zu ihrem Umdenken keinen Bezug finden kann, außer dem seiner Funktion als Werkzeug, das ihre Heimat retten soll. Und so träumt sie immer wieder von ihrer Heimat und der Vergangenheit [vgl. LE, 37f.] und kann sich in der neuen Welt nicht heimisch fühlen, da all ihr Sinnen und Sehnen auf Georgien gerichtet ist. Die tiefe geistige Verwurzelung in der Heimat sorgt bei Tamara dafür, dass sie sich gar nicht erst auf die Suche nach Ähnlichkeiten im Fremden begibt, sondern sich immer wieder zurück in die Heimat sehnt. Der Bezug zur Heimat und zu ihrer Vergangenheit, wie es anhand ihrer Träumereien (nicht nur über die Heimat, sondern auch über die Heimatgeschichte [vgl. LE, 38]) deutlich wird, ist hinsichtlich ihrer Identität entscheidend. Die Narration ihrer Geschichte konstruiert auf diese Weise ihre Identität, durch Rückbezug auf ihre Vergangenheit, ihre Wurzeln, ihre Zugehörigkeit zum georgischen Adel und der damit verbundenen Verantwortung für ihr Volk und ihr Land. Dabei spielt nicht nur ihre eigene, tatsächliche Vergangenheit mit hinein, sondern auch die Historie ihres Landes und die damit verbundenen Legenden, sodass Tamaras Identität sich aus einem Wechselspiel von Tatsachen und Fiktion herausbildet,[252] ähnlich wie es beim Autor selbst der Fall war. Bei der Wahrnehmung des Fremden ist Tamaras Rückbezug auf die Heimat entscheidend – ihr Heimatbegriff ist durch ebendiese Konstruktion der eigenen Vergangenheit und durch die Traditionen, die sie von Kindesbeinen erlernt hatte, definiert. Wie bereits gesehen, ist Tamaras tiefe Verwurzelung damit letztendlich dafür verantwortlich, dass sie zu ihrem Ehemann zurückkehrt, auch wenn Vano Alania eigentlich derjenige ist, der sie näher an das Eigene, das Heimische und Bekannte, bringt und der neben den „georgischen Weinbergen“ [LE, 37] das Objekt ihrer Sehnsucht ist.

Ein ähnliches Paradigma ergibt sich auch bei Asiadeh. Auch sie ver-

---

[252] Vgl. Ricoeur, Paul: *Zeit und Erzählung*, S. 399.

liert sich wiederholt in Träumereien, wenngleich sie im Gegensatz zu Tamara einige Versuche unternimmt, sich in der neuen Welt zurechtzufinden, was jedoch, wie gesehen, scheitert. Hassas Vorstellungen und sein Versuch, sie in die europäische Welt einzugliedern, führen letztlich dazu, dass sie sich immer weiter von ihm entfernt. In der Ehe mit ihm fühlt sie zusehends, „daß sie keine Türkin mehr" [GH, 139] ist, was das Gefühl der Fremdheit immer stärker in ihr aufkommen lässt. Dennoch versucht Asiadeh trotz des Gefühls der Fremdheit immer wieder, an die europäische Kultur anzuknüpfen, vor allem ihrem Ehemann zuliebe, stößt dabei aber immer wieder an ihre Grenzen. So kann sie beispielsweise das Lebenskonzept der europäischen Frauen, die sie in der Runde von Hassas Ärztefreunden kennenlernt, nicht nachvollziehen [vgl. GH, 112]. Auch im Falle Asiadehs stellen die anerzogenen Traditionen und Bräuche sowie die Verwurzelung mit der Heimat, dem Eigenen, einen wichtigen Faktor dar, der nicht außer Acht gelassen werden sollte.

Auch Asiadeh konstruiert, ähnlich wie Tamara, ihre Identität im Rückbezug auf ihre Wurzeln, erweitert sie durch fiktive bzw. scheinbar historische Bestandteile, wie „die robusten Ahnen" [GH, 10], an die sie immer wieder „zurückdenkt", obwohl deren Lebzeiten viele Jahrhunderte zurückliegen, woraus sich – realistisch betrachtet – schwer ein direkter Bezug zu ihr selbst herstellen lässt. Die Ahnen stehen aber sinnbildlich für die überaus tiefe Verbundenheit mit ihrer Heimat und vor allem mit der damit verbundenen Kultur.[253] Dem entgegen steht das Gefühl der Fremdheit, das die europäische Welt in Asiadeh erzeugt. Aber auch die Fremdheitserfahrung, die sie in Deutschland macht, wird durch fiktive Elemente erweitert: Den „robusten Ahnen" stehen „U-Boot-Kapitäne" gegenüber,[254] was belegt, wie unumstößlich das Eigene mit dem Fremden verbunden ist und dass „das Eigene immer schon Produkt des Anderen ist",[255] denn Asiadeh konstruiert beide, die eigenen und

[253] Vgl. Kapitel 5.3.

[254] Vgl. Kapitel 5.2.

[255] Janz, Rolf-Peter: „Transkulturalität – in literaturwissenschaftlicher Perspektive", S. 19.

die fremden Ahnen, auf derselben Ebene (als feindlich gesinnte Krieger). Anhand dieser Träumereien und der Zusammensetzung des Eigenen (der Heimat) und des Fremden (der europäischen Welt) wird auch erkenntlich, dass „das Eigene und das Fremde nicht als stabile Kategorien“[256] aufgefasst werden können; dieses Wechselspiel tritt gerade in der Figur Asiadeh besonders deutlich zutage.

Heimat konzipiert sich für Asiadeh jedoch nicht nur durch den Bezug auf die orientalischen Traditionen und ihre reale oder fiktiv konstruierte Vergangenheit (durch genannten Rückbezug auf die Ahnen), die letztlich dazu führt, dass sie sich mit Prinz Abdul-Kerim wesentlich stärker verbunden fühlt als mit Alexander Hassa; auch die Sprache bzw. Mehrsprachigkeit Asiadehs ist ein wesentlicher Faktor für ihre Definition von Heimat und Fremde. Die Sprache ist identitätsstiftend, so studiert Asiadeh am Seminar für vergleichende türkische Sprachforschung [GH, S. 8], was ihr einerseits Trost über den Verlust der Heimat spendet,[257] andererseits aber auch als Orientierungshilfe dient. Die Auseinandersetzung mit Sprache und ihrer Struktur bringt Ordnung in Asiadehs Alltag und gibt ihr einen Sinn und das Gefühl des Vertrauten [vgl. GH, 30] – auch wenn gerade die Arbeit mit den Sprachen sie immer wieder in Träumereien über die Ahnen versetzt und den Verlust der Heimat betont [vgl. GH, 10]. Sprache (und das Erlernen von Sprachen) sorgt für Stabilität und ist als wichtiger Bestandteil ihrer Identität nicht wegzudenken, sodass sich die Auseinandersetzung damit auch in ihrer Stimmung bzw. in ihrem Zurechtzufinden in der Fremde widerspiegelt. So verlieren „die rätselhaften Formen der fremden Worte ihren magischen Reiz“ [GH, 134] nach der Heirat mit Hassa. Dieser Zustand verschlimmert sich zusehends und weist darauf hin, dass Asiadeh einerseits den Bezug zur Heimat zu verlieren droht, wovor sie sich fürchtet, und dass andererseits das Befassen mit fremden Sprachen die Funktion als Orientierungshilfe verliert. In der realen Welt, außerhalb der Grammatiken, stellt die Begegnung mit dem Fremden eine viel größere Herausforderung dar, sodass die Sicherheit, die Asiadeh stellvertretend für

---

256 Ebd., S. 20.

257 Vgl. Kapitel 4.2.

die Heimat in der Philologie fand, verloren geht, wodurch das Fremde zusätzlich als Bedrohung erscheint und folglich zur Ablehnung dessen führt.[258]

Die Sprache ist auch ein wesentlicher Bestandteil der Konzeption der Heimat für die Protagonisten in *Ali und Nino.* Beide wachsen mehrsprachig auf und werden bereits in ihrer Schulzeit mit unterschiedlichen Sprachen konfrontiert. Ali Khan weist „einen affenartigen Instinkt für Sprachen und Dialekte" [AN, 35 u. 243] auf. Auch Nino ist außerordentlich sprachbegabt, ihre Kenntnisse der europäischen Sprachen helfen ihr u.a. während Ali Khans Zeit als Attaché, aber sie versucht sich durch die Sprache auch ihrem Ehemann anzunähern, so spricht sie nach der Geburt ihrer Tochter Tamar tatarisch[259] mit Ali Khan, „der einfachen Sprache unseres Volkes, die sie kaum beherrschte", [AN, 258] da sie weiß, dass diese ein Stück Heimat für ihren Mann bedeutet. Neben der Sprache, die bei beiden sowohl für Beheimatung als auch für Grenzüberschreitung (in Bezug bzw. Beziehung zu anderen Kulturen) steht, stellen aber auch andere Aspekte wichtige Bezugspunkte zur Heimat bzw. dem Eigenen dar, was sich wiederum auf die Beziehung mit dem Fremden auswirkt.

Für Ali Khan ist dabei die orientalische Kultur die wichtigste Verbindung zur Heimat. Als „Wüstenmensch" ist er tief mit dem Orient und den damit verbundenen Traditionen verwurzelt. Nino, die genau das Gegenteil von ihm zu sein scheint und sich mehr mit dem Okzident verbunden fühlt, stellt für ihn eine Art Brücke zu Europa dar. Nur um Ninos Willen nimmt er das Europäische, wenn auch nur begrenzt, an. In allen anderen Fällen steht er dem Okzident und allem Fremden, was für ihn vor allem das Gegenteil des Orientalischen ist, feindselig gegenüber: „Ich hasse die fremde Welt, die fremden Straßen, Menschen und Sitten." [AN, 253] Diese Ablehnung beruht u.a. auf der Bedrohung durch das Fremde, zum einen durch die äußere Bedrohung Bakus durch die Europäer, zum anderen fühlt Ali Khan auch seine eigene, orientalische Identität durch das Europäische bedroht. So behagt ihm

[258] Vgl. Sundermeier, Theo: „Religion und Fremde", S. 549.

[259] Mit „tatarisch" ist hier das aserbaidschanische Türkisch gemeint.

auch die Aussage seines Vaters, er selbst sei zum Teil Europa zugehörig [vgl. AN, 191], überhaupt nicht. Dies ist in der Konstruktion seiner narrativen Identität begründet, die als solche nicht stabil ist[260] und durch den Einfluss des Fremden der Gefahr unterläuft, verändert und umgeformt zu werden. Dieses Identitätskonzept wird auch im Falle Ali Khans durch fiktive Elemente, wie der Beheimatung in der Traumwelt des Orients [vgl. AN, 192] erweitert, um möglichst bruchlos und plausibel zu erscheinen;[261] dabei unterliegt seine Identitätsbildung ständigen Veränderungen, gerade durch äußere Einflüsse, die nicht nur durch Nino, sondern bereits in seiner Jugend, während seiner Schulzeit bestanden haben. So war Ali Khan diesen Einflüssen in Baku durch seine Mitmenschen, seine Bildung usw. ständig ausgesetzt. Gerade dies führt bei ihm jedoch zum Festhalten an der eigenen Kultur und zur Ablehnung des Fremden, das bedrohlich wirkt und somit gemieden werden sollte.[262]

Dem gegenüber steht Nino, die als Vertreterin des Okzidentalen die orientalischen Bräuche, zumindest in ihrer extremen Form – wie das Leben im Harem – nicht annehmen kann, da für sie ihre eigene Kultur, ihre europäisch geprägte Erziehung und die damit verbundene Heimatdefinition im Vordergrund stehen. Der wichtigste Bezugspunkt zur Heimat stellt jedoch sowohl für sie als auch für Ali Khan die Stadt Baku dar, die durch das Neben- und Miteinander der Kulturen beiden Heimat bietet.[263] Dieser transkulturelle geografische Raum ist für Nino Kipiani und Ali Khan Schirwanschir notwendig, um auch füreinander eine Heimat sein zu können, da sie beide aus unterschiedlichen, wenngleich nebeneinander existierenden, Kulturräumen stammen, während Asiadeh und Prinz Abdul-Kerim alias John Rolland, aufgrund ihrer Abstammung aus demselben Kulturraum, auch weitgehend unabhängig von der geografischen Lage, eine Heimat füreinander sein können. Insbesondere der ehemalige osmanische Prinz ist „arm und nackt" [GH, 201] und

---

260 Vgl. Ricoeur, Paul: *Zeit und Erzählung*, S. 399.

261 Ebd., S. 199.

262 Vgl. Sundermeier, Theo: „Religion und Fremde", S. 549.

263 Vgl. Kapitel 5.3.

ohne Heimat und Halt [vgl. GH, 206], ohne Asiadeh, die sein „Haus erbaut“, aber auch er stellt für sie einen Bezug zur Heimat und zum Eigenen dar. Es ergeben sich folglich unterschiedliche Heimatdefinitionen und aus diesen resultiert auch die Möglichkeit der Vereinbarkeit der Kulturen auf individueller Ebene bzw. deren Scheitern, was im Folgenden noch genauer beleuchtet werden soll.

6.2 Vereinigung der Kulturen im Individuum

Inwieweit das Zusammentreffen der Kulturen gelingt und auf welchen Ebenen es zum Scheitern der Verständigung kommt, wurde bereits ausführlich dargestellt.[264] Auch die grundsätzlichen Voraussetzungen für das Funktionieren der Transkulturalität unter Einbezug der Konzeption des Eigenen und Fremden wurden erläutert. Allerdings sollten einige Aspekte auf der individuellen Ebene der Charaktere noch genauer betrachtet werden. Nussimbaums Figuren sind oftmals in sich transkulturelle Individuen, die durch ihre Erziehung, ihre Lebensumstände oder äußere Einflüsse mehrere Kulturen in sich vereinen oder zumindest dazu fähig sind. Dazu setzte der Autor bestimmte Prämissen, die seinen Figuren die Fähigkeit der kulturellen Grenzübergänge ermöglichen, wie das in sich multi- und transkulturelle Baku, den gezwungenen Umzug in einen anderen kulturellen Raum oder die Mehrsprachigkeit.

Die Sprache bzw. das Studium der Sprachen und die Auseinandersetzung damit ermöglicht Asiadeh den Zugang zur fremden Kultur. Die Voraussetzung dafür ist jedoch, dass sie bereits vor ihrem Aufenthalt in Deutschland mehrsprachig war, was ihre Erziehung mit sich brachte. Durch diese Fähigkeiten birgt sie eine hybride Kultur in sich, die ihr auch die Verständigung mit den Kolleginnen und Kollegen an der Universität ermöglicht [vgl. GH, 12] und zu Wertschätzung verhilft [vgl. GH, 7]. Hieran wird auch deutlich, dass zur Verständigung der Kulturen oftmals die kleinste Gemeinsamkeit von großem Nutzen sein

[264] Vgl. Kapitel 5.2.1.

kann,[265] denn mit ihren Kolleginnen und Kollegen hat Asiadeh letztlich nur die Liebe zur Sprache gemeinsam. Dies genügt jedoch schon, um ihr die Verständigung mit diesen zu ermöglichen und ihr damit einen Raum zu bieten, der ihr Halt und Sicherheit verspricht. Sprache spielte auch für Nussimbaum selbst eine sehr wichtige Rolle, was u.a. auch in seinen letzten Aufzeichnungen deutlich wird.[266] Das brachte ihm ähnliche Vorteile wie seinen Protagonisten Ali Khan, Asiadeh und Nino.[267]

Mehrsprachigkeit führt jedoch nicht zwangsläufig zur Transkulturalität oder der Befähigung sich in eine fremde Kultur einzufügen oder mit dieser in fruchtbare Verbindung zu treten, was das Beispiel des ebenfalls mehrsprachigen John Rolland alias Prinz Abdul-Kerim belegt. Sein wiederkehrender Rückbezug zum Orient dominiert, was dazu führt, dass er die Kultur des Westens nicht annehmen kann.[268] Dieses Problem ergibt sich aber auch daraus, dass er zunächst seine alte Identität in Amerika ablegt[269] und von Prinz Abdul-Kerim zu John Rolland wird. So schreibt er auch Asiadeh, als Antwort auf ihre Bitte, sie zu sich zu holen oder aus ihrem Versprechen zu entlassen: „Ich bin nicht mehr ich […], es gibt mich ja gar nicht" [GH, 66]. Bei diesem Ablegen der alten Identität behält er sich zwar vor, einmal doch wieder als Abdul-Kerim hervorzutreten [vgl. ebd.], versucht aber dennoch nicht mehr

---

265 Vgl. Antor, Heinz: „Multikulturalismus, Interkulturalität und Transkulturalität ...", S. 35.

266 Vgl. Said, Kurban: „Der Mann, der nichts von der Liebe verstand (III)", S. 44.

267 Die Mehrsprachigkeit aller genannten Protagonisten kommt ihnen, wie mehrfach gesehen, immer wieder gelegen: Ali Khan während seiner Schulzeit und später als Attaché, ebenso wie seiner Frau Nino; und auch Asiadeh zieht aus ihrer Mehrsprachigkeit immer große Vorteile, ob im Umgang mit den Europäern oder den Orientalen. Diese Sprachbegabung machte sich auch der Autor selbst immer wieder zunutze, vgl. exemplarisch: Said, Kurban: „Der Mann, der nichts von der Liebe verstand (IV-VI)", in: Fuhrmann, Wilfried (Hg.): *Der Mann, der nichts von der Liebe verstand* (Transkript Heft IV-VI. Manuskript Kurban Said/Essad Bey), Potsdam 2010, S. 61.

268 Vgl. Kapitel 5.3.

269 Die Verständigung mit dem Anderem wird erst durch die Positionierung der eigenen kulturellen Identität möglich: Antor, Heinz: „Multikulturalismus, Interkulturalität und Transkulturalität ...", S. 34.

der orientalische Prinz, sondern der amerikanische Drehbuchautor John Rolland zu sein. Ebenda liegt jedoch gerade das Problem. Denn während Asiadehs Bezug zu ihrer Kultur trotz aller Verständigungsversuche mit der westlichen Welt bestehen bleibt, versucht John Rolland diese gewaltsam abzulegen und zu verstecken und wird später doch, durch Asiadeh und seine Sehnsucht nach dem Heimischen, von seinen Wurzeln und seiner eigenen Kultur eingeholt und von ihr angezogen. Das Einholen durch die eigene Kultur und Vergangenheit löst bei Abdul-Kerim Ängste und Frust aus [vgl. GH, 122f.] und führt zur Flucht ins Europäische, in die westliche Welt, um dem Orient und der eigenen Identität, die sich aus der Vergangenheit konzipiert, die es nicht mehr gibt [vgl. GH, 123], zu entgehen.

Im Gegensatz zu Asiadeh versucht John Rolland auf diese Weise, seine Identität neu zu erfinden, die Narration dieser beruht folglich nicht wie bei ihr, auf dem Wechselspiel von Fiktion und Historie,[270] sondern er versucht diese völlig neu zu schöpfen und scheitert daran, insbesondere als ihn alles wieder einholt, wie in Berlin [GH, 128f.], in Rom [GH, 173ff.] oder an Drehorten wie Libyen [GH, 180f.]. Eine Vereinbarkeit der Kulturen ist in seinem Fall nicht möglich, er braucht Asiadeh, die in der fremden Welt sein „Zelt" [GH, 162] sein und ihm die Heimat ersetzen soll. Diese Unvereinbarkeit ergibt sich vor allem aus seiner Unfähigkeit, nach Gemeinsamkeiten zu suchen – ähnlich seinem Konkurrenten Hassa.[271] Ein analoges Bild ergibt sich, wie bereits gesehen, bei Tamara in *Liebe und Erdöl,* deren Annahme des ihr zunächst fremden Ehemannes beruht letztlich auf den eigenen kulturellen Werten[272] und nicht auf dem Versuch der Verständigung mit der fremden Kultur oder der Suche nach Gemeinsamkeiten. Hierdurch kann bei Tamara, Hassa und Abdul-Kerim kaum von Transkulturalität gesprochen werden, im Gegensatz zu den Protagonistinnen Asiadeh und Nino sowie dem Protagonisten Ali Khan, die durchaus dazu fähig sind, nach möglichen Gemeinsamkeiten zu suchen.

---

[270] Ricoeur, Paul: *Zeit und Erzählung*, S. 399.

[271] Vgl. Kapitel 5.3.

[272] Vgl. Kapitel 4.3 und 5.2.2.

So lehnt Nino zwar sowohl das Leben im Harem als auch den Schleier ab [AN, 31], aber sie ist durchaus bereit, sich in die Welt des Orients, wenn auch nur bedingt, einzufügen und ihrem Mann, konform der orientalischen Tradition „zu dienen" – wie während ihrer ersten Zeit als Ehefrau in einem kleinen Dorf geschehen.[273] Das Funktionieren dieser Vereinbarkeit beruht bei Nino und Ali Khan aber auf gegenseitigem Verständnis. So kommt auch er ihr immer wieder entgegen, indem auch er ihr beispielsweise die Füße wäscht [AN, 174], und besteht nicht darauf, dass sie sich auch außerhalb der Öffentlichkeit an die Sitten halten soll; oder indem er versucht, ihr das Leben im Harem durch Geschenke [AN, 206], seine häufige Anwesenheit, für die er seitens der Perser nur Spott erntet [AN, 205], zu erleichtern. Sogar den Besuchen bei ihren Eltern, bei welchen „alle Gesetze des Harems umgestoßen wurden" [AN, 227] widerspricht er nicht. Im Gegenzug zeigt auch Nino sich verständnisvoll, als Ali Khan nicht bereit ist, nach Europa zu ziehen [vgl. AN, 254]. Das Einfühlungsvermögen beider trägt hier positiv zur Begegnung und Verständigung der Kulturen bei. Beide sind bereit, sich in die Kultur des jeweils anderen einzufügen, Nino versucht dies zunächst sogar im Harem, auch wenn dies schnell scheitert. Auch Ali Khan zeigt sich immer wieder bereit, der europäischen Kultur offen entgegenzutreten, wie beispielsweise beim Besuch der Sippe der Kipianis in Georgien: Er trinkt sogar Alkohol während des Festes, auch wenn dies ihm und seinen Sitten völlig widerspricht [AN, 117].

Daher ist die Fähigkeit zur Vereinbarkeit mehrerer Kulturen auch auf der individuellen Ebene durch die Bereitschaft des Einfühlens in das Andere bzw. den Anderen geprägt,[274] wobei dies nicht zwangsläufig von Dauer sein muss, wie anhand von Asiadeh gesehen, da weitere Faktoren, wie der starke Bezug zur eigenen Kultur, dabei mit hineinspielen können. Aber auch die Prämisse eines bestimmten kulturellen

[273] Vgl. Kapitel 5.3.

[274] Diese Bereitschaft setzt voraus, auch sich selbst anzupassen bzw. die eigene Wandelbarkeit anzunehmen, vgl. Antor, Heinz: „Multikulturalismus, Interkulturalität ...", S. 37.

bzw. geografischen Raums, der diese Vereinbarkeit ermöglicht, wie die Stadt Baku im Falle Alis und Ninos, kann entscheidend sein. So beruht Ali Khans Hass gegen Europa darauf, dass er durch seine Abstammung aus Baku, das nicht nur zu Asien, sondern auch zu Europa gehört [AN, 238], selbst ein Teil Europas ist [AN, 191], was auch seine Zuwendung zum Irdischen [AN, 223], folglich dem Westlichen,[275] erklärt, auch wenn er sich selbst als dem Orient zugehörig betrachtet. Sowohl bei Ali als auch bei Nino und Asiadeh kann von Figuren mit ausgeprägter Transkulturalität auf der individuellen Ebene gesprochen werden, die mehrere Kulturen, nicht zwangsläufig die europäische oder orientalische als Ganze (äußerlich konzipiert), sondern teilweise die differenzierten Ausprägungen[276] der einen oder der anderen, in sich vereinen. Dies ist nicht verwunderlich, denn, wie gesehen, tragen gerade diese drei Charaktere einige Züge des Autors, der selbst mehrere Kulturen in sich vereinigte und dies auf seine Figuren übertrug.

---

[275] Vgl. Kapitel 5.3.

[276] Wie dargestellt, zeichnet Lev Nussimbaum ein differenziertes Bild des Orients und auch des Okzidents, vgl. S. 63 ff.

7. Zusammenführung und Bedeutung für die Gegenwart

Die Zugehörigkeit zu mehreren Kulturräumen, die nicht scharf voneinander getrennt sind, bestimmte Lev Nussimbaums Leben von Anbeginn an. Bereits durch seine in Baku verbrachte Kindheit traf er auf eine Welt, in der verschiedene Ethnien und Religionen neben- und miteinander lebten. Dies schlägt sich in seinem Werk auf besonders prägnante Weise nieder. Eine wichtige Rolle bei der kulturellen Verständigung spielt die Bereitschaft, sich in den Anderen einzufühlen, zu versuchen, seine Wahrnehmung der Welt und vielleicht auch des Selbst nachzuvollziehen. Gerade dies vermitteln die betrachteten Romane auf eine sehr ausgeprägte Weise – die Möglichkeit der Verständigung und Vereinbarkeit der Kulturen zwischen und miteinander ist durch die Bereitschaft, das Andere bzw. die Anderen mit ihren Sitten und Bräuchen anzuerkennen gekennzeichnet,[277] wozu das Bewusstsein um die eigene Identität maßgeblich ist, die sich narrativ aus der eigenen Vergangenheit und der damit verbundenen kulturellen Prägung zusammensetzt. So gelingt es nur jenen Figuren Nussimbaums, eine Verbindung zur anderen Kultur herzustellen, die sich ihrer eigenen Identität bewusst sind und das Andere bzw. die Anderen ernst nehmen und nicht ständig in einer ablehnenden Haltung verbleiben. Das bedeutet nicht, wie anhand von Asiadeh gesehen, dass es dabei zu einer dauerhaften Verbindung mit der anderen Kultur (oder einer gelungenen Beziehung mit einem Vertreter dieser) kommen muss, aber allein für den Zugang zu dieser Möglichkeit sind diese Voraussetzungen maßgeblich. Andernfalls wird durch eine von Anfang an ablehnende Haltung der Zugang zur anderen Kultur verwehrt bleiben, wie anhand vieler Vertreter „der Kühlen" und „der Wilden" bei Nussimbaum gesehen, wofür insbesondere John Rolland und Alexander Hassa deutliche Beispiele darstellen.

Für den Zugang und die Verständigung mit der anderen Kultur oder

[277] Ricouer, Paul: *Das Selbst als ein Anderer*, S. 202.

den anderen Kulturen können aber auch bestimmte politische oder geografische Voraussetzungen notwendig werden oder diese zumindest maßgeblich beeinflussen, wie im Falle von Ali und Nino, die beide trotz aller Liebe und allen Verständnisses füreinander, Baku als kulturübergreifenden Raum benötigen, um dauerhaft glücklich sein zu können. Gerade die politische Lage, die Lev Nussimbaum alias Essad Bey alias Kurban Said stets zum Rahmen seiner Romanhandlungen macht und in den historischen Kontext einbettet, kann gezwungenermaßen die Verständigung zwischen den Kulturen notwendig machen, wodurch durchaus Positives herauskommen kann, auch in Verbindung und im Bezug auf die eigenen Werte, wie am Beispiel Tamaras in *Liebe und Erdöl* gesehen. Auf diese Weise kann auch der Zusammenprall der Kulturen nicht nur Unverständnis und Ablehnung auslösen: Die notwendige Begegnung mit dem Anderen, mit der anderen Kultur, durch den mehr oder weniger erzwungenen Kontakt (wie durch ein Leben Tür an Tür) kann als Anstoß dienen, für die Bereitschaft den Anderen genauer zu betrachten, anzuerkennen und nach Gemeinsamkeiten anstatt nach Unterschieden zu suchen. Hierzu ist jedoch nicht nur die Berufung auf die eigenen Wertvorstellungen und Offenheit für die Kontaktaufnahme auf Augenhöhe notwendig, sondern auch Kompromissbereitschaft, was die Beziehung von Ali Khan Schirwanschir und Nino Kipiani verdeutlicht. Diese gelingt vor allem durch Nachgiebigkeit und Ernstnehmen des jeweils anderen, während fehlende Bereitschaft zu Kompromissen eine Beziehung zwischen zwei Vertretern unterschiedlicher Kulturräume zum Scheitern bringt, wie bei Asiadeh und Hassa. Erst durch die Kompromissbereitschaft der einzelnen Vertreter kann die scheinbare Gegensätzlichkeit der Kulturen aufgehoben oder zumindest gemildert werden, auch die zwischen Orient und Okzident, die von Lev Nussimbaum vordergründig als zwei Gegenpole konzipiert wurde und deren Zusammenführung und Vereinbarkeit eine große Herausforderung darstellt.

Vor dem Hintergrund der Tradition des Orientmotivs in der deutschen Literatur kann zusammenfassend gesagt werden, dass Nussimbaum sowohl einerseits stereotype Darstellungen nutzt und mit diesen spielt, als auch andererseits ein positives Bild des Orients, ähnlich wie

Rückert und Goethe, nachzeichnet, wobei er die negative Sicht auf den Orient seitens der Europäer nicht unterschlägt. Ein ausführlicher Vergleich mit dem Orientbild anderer deutscher Schriftsteller wäre ein möglicher Ansatzpunkt für weitere Forschung. Im Rahmen der vorliegenden Arbeit, die sowohl zeitlich als auch im Umfang begrenzt ist, war eine ausführliche Betrachtung nicht möglich. Dennoch dürfte deutlich geworden sein, dass Lev Nussimbaums Orientbild zum einen ein differenziertes ist und zum anderen, neben den fiktiven Erweiterungen, vor allem (im Gegensatz zu anderen deutschen Schriftstellern) auf seinen eigenen Erfahrungen beruht,[278] wodurch er in seinen Werken nicht nur die Außensicht, sondern auch die Innensicht auf einen vielseitigen Orient ermöglicht. Sein vielschichtiges Orientbild gibt Nussimbaum aus der Sicht der Charaktere wieder, wodurch ihm die Darstellung des Kulturzusammenpralls auf humorvolle Weise gelingt und wodurch er seinen Figuren die Grenzübergänge zwischen den Kulturen möglich macht.

Gerade diese Innensicht der Figuren und die Mehrstimmigkeit, die unterschiedliche Sichtweisen abbildet, verhindern, dass eine bestimmte Ideologie vermittelt wird.[279] Vielmehr finden die Leser so einen Zugang zu unterschiedlichen Perspektiven, auch wenn in *Ali und Nino* die Handlung durch den Protagonisten wiedergegeben wird und in *Das Mädchen vom Goldenen Horn* Asiadehs Blick auf die Welt vordergründig erscheint, kommen doch auch die anderen Figuren immer wieder zu Wort und gewähren einen Einblick auf ihre jeweilige Weltsicht. So erfahren die Leser beispielsweise, dass die Kategorisierung als „Wilde“ sehr subjektiv ist und auf der jeweiligen kulturellen Prägung beruht; dass die Begegnung mit der fremden Kultur sehr wohl gelingen, aber durchaus auch scheitern kann, aufgrund der tiefen Verbundenheit mit der eigenen Kultur und der zu starken Differenzen mit der anderen;

278 Wie dargestellt, war Nussimbaum Orientbild stark von seiner Herkunft und seinen Berührungspunkten mit der orientalischen Kultur geprägt, wobei auch sein Religionswechsel eine nicht zu unterschätzende Rolle spielt.

279 Vgl. Bachtin, Michail M.: *Die Ästhetik des Wortes*, hg. von Grübel, Rainer; übers. von Grübel, Rainer und Reese, Sabine, Suhrkamp, Frankfurt a. M. 1979, S. 177 ff.

oder dass Orient nicht gleich Orient und Okzident nicht gleich Okzident ist; und dass das Zusammenleben verschiedener Kulturen und ihrer Vertreter vor allem auf ihrer Bereitschaft beruht, sich auf die jeweils anderen einzulassen und sie ernst zu nehmen, ohne dabei gezwungenermaßen die eigenen Wertvorstellungen und Sitten vollends ablegen zu müssen.

All dies ist im Kontext der Globalisierung aktueller denn je, die Welt rückt immer näher zusammen, „Multikulti" und „Kulturclash" gehören schon lange zum Alltag, die Begegnung mit dem Fremden ist, auch ohne Reisen ins Ausland, längst kein Ausnahmefall mehr. Die Werke von Lev Nussimbaum alias Essad Bey alias Kurban Said haben mit ihrer Darstellung der kulturellen Begegnungen und Übergänge und der Orient-Okzident-Thematik auch nach vielen Jahrzehnten seit ihrem Erscheinen an Aktualität gewonnen. Diese Themengebiete sind aber durchaus nicht neu. Um es überspitzt mit dem Autor bzw. einer seiner Figuren zu sagen: „Und dort [im Westen] siegen die Türken, auch wenn sie Deutsche heißen." [AN, 137] Schon zu Nussimbaums Lebzeiten war die Begegnung von Orient und Okzident und die Grenzüberschreitungen der Kulturen, die nun nicht in sich abgeschlossen und völlig unabhängig voneinander existieren, gegenwärtig und in unserer Zeit gewinnt die Auseinandersetzung damit stetig an Bedeutung.

8. Schlussbemerkung und Ausblick

Aus diesem Grund lohnt sich die Untersuchung von Lev Nussimbaums Werk aus heutiger Sicht ganz besonders, gerade im Hinblick auf die Transkulturalität und das Orient-Okzident-Motiv. In der vorliegenden Arbeit wurden drei seiner Romane daraufhin untersucht, weshalb eine Erweiterung im Hinblick auf sein Gesamtwerk, auch unter Einbezug der Sachwerke, die hier lediglich unterstützend verwendet wurden, einen weiteren möglichen Forschungsansatz liefern könnte. Da das Werk seitens der Literaturwissenschaft vor dieser Arbeit noch kaum Beachtung gefunden hatte, gibt es in dieser Hinsicht noch einen großen Nachholbedarf. Das Gesamtwerk liefert aber nicht nur Stoff für die betrachteten Motive, es gibt durchaus auch weitere Ansatzmöglichkeiten, wie die Erforschung der intertextuellen Bezüge zur deutschsprachigen und russischsprachigen Literatur, der religiösen Motive, der historisch-politischen Bezüge sowie der weitläufigen Rezeption und der Werksgeschichte, unter Berücksichtigung der zahlreichen Übersetzungen in andere Sprachen. Aber auch für die Gender-Forschung bietet Nussimbaums Werk genügend Stoff, was ebenfalls im Hinblick auf den Antagonismus des Frauen- und Männerbildes von Orient und Okzident genauer beleuchtet und in Bezug zu gegenwärtigen Entwicklungen gestellt werden könnte. Bei all diesen Ansatzmöglichkeiten sollte auch das Leben des Autors, der selbst mit allem Recht als transkultureller Autor bezeichnet werden kann, Berücksichtigung finden, denn sein Lebensweg bietet viele Ansatzpunkte für die Interpretation seiner Werke, mit ihren historischen und auch fiktiven Elementen. All diese Möglichkeiten stellen Vorschläge dar, die um zahlreiche weitere erweitert werden könnten, denn gerade durch das Fehlen an grundlegender literaturwissenschaftlicher Forschung von Nussimbaums Werk bieten sich zahlreiche Chancen für weitere Untersuchungen und Analysen, die mit vielfältigen Herausforderungen einhergehen, da es nicht nur an Sekundärliteratur mangelt, sondern auch die Beschaffung vertrauenswürdiger Quellen sich als schwierig erweist. Die Beschäftigung mit dem Werk des Autors kann sich aber gerade auch aus diesem Grund als besonders lohnend erweisen, da auf diese Weise eine Forschung vom Ansatz an möglich ist. Insgesamt ist folglich eine weitere literaturwissenschaftliche Auseinandersetzung mit Lev Nussimbaum alias Essad Bey alias Kurban Said und seinem Werk im Hinblick auf die genannten und weiteren Untersuchungskomplexe sehr begrüßenswert, da es an grundlegender und spezifischer (literatur-)wissenschaftlicher Forschung mangelt, was die vorliegende Arbeit hoffentlich zu einem zumindest kleinen Teil auffangen konnte.

Literatur- und Quellenverzeichnis

Primärliteratur

Bey, Essad: *Das weisse Russland. Menschen ohne Heimat,* Kiepenheuer, Berlin 1932.

Bey, Essad: *Der Kaukasus. Seine Berge, Völker und Geschichte,* Deutsche Buchgemeinschaft, Berlin 1925.

Bey, Essad: *Flüssiges Gold. Ein Kampf um die Macht,* Etthofen, Berlin 1933.

Bey, Essad: *Liebe und Erdöl und Manuela,* aus dem Polnischen von Martin Pasek, Verlag H.-J. Maurer, Freiburg 2008.

Bey, Essad: *Mohammed. Biographie,* 2. Auflage, Kiepenheuer, Berlin 1932.

Bey, Essad: *Nikolaus II. Glanz und Untergang des letzten Zaren,* Holle & Co. Verlag, Berlin 1935.

Bey, Essad: *Öl und Blut im Orient. Meine Kindheit in Baku und meine haarsträubende Flucht durch den Kaukasus,* Verlag H.-J. Maurer, Freiburg 2008.

Bey, Essad: *Zwölf Geheimnisse im Kaukasus. Mit einem Nachwort von Tom Reiss,* Verlag H.-J. Maurer, Freiburg 2008.

Bey, Essad: *G.P.U. Die Verschwörung gegen die Welt.* Etthofen, Berlin 1932.

Bey, Essad und Weisl, Wolfgang von: *Allah ist gross. Niedergang und Aufstieg der islamischen Welt von Abdul Hamid bis Ibn Saud,* Verlag Dr. Rolf Passer, Wien 1936.

Goethe, Johann Wolfgang: *West-Östlicher Divan.* Stuttgard [!], in der Cottaischen Buchhandlung 1819 (Erstausgabe).

Goethe, Johann Wolfgang: *West-östlicher Divan,* in: Richter, Karl: *Johann Wolfgang Goethe. Sämtliche Werke nach Epochen seines Schaffens,* Band II.I.2, Hanser, München 1998.

Mann, Thomas: *Der Zauberberg,* Fischer, Frankfurt a. M. 1974.

Said, Kurban: *Ali und Nino,* Ullstein List, München 2000.

Said, Kurban: *Ali and Nino: A love story,* Vintage, London 2000, Translation by Jenia Graman.

Said, Kurban: *Das Mädchen vom Goldenen Horn,* Verlag Kurt Desch, 1973.

Said, Kurban: *Das Mädchen vom Goldenen Horn,* Ullstein List Taschenbuchverlag, München 2002.

Said, Kurban: *Das Mädchen vom Goldenen Horn,* Verlag H.-J. Maurer, Freiburg 2009.

Puschkin, Alexander: *Пора, мой друг, пора!..,* Gedichte, Verlag Asbuka (Азбука), Sankt Petersburg 2002.

Radecki, Sigismund v.: *Der Glockenturm. Russische Verse und Prosa,* zweite Auflage, Kösel, Kempten 1953.

Rückert, Friedrich: *Oestliche Rosen,* Leipzig 1822 (Erstausgabe).

Wolfram von Eschenbach: Willhalm. Nach der Handschrift 857 der Stiftsbibliothek St. Gallen, hg. von Heinzle, Joachim, Niemeyer, Tübingen 1994.

Sekundärliteratur

Abdalla, Yagut: *Das ‚fortschrittliche Europa' oder das ‚rückständige Asien'? Orient und Okzident in den Werken von Mohammed Essad Bey,* Diss. Wien 2016.

Antor, Heinz: „Multikulturalismus, Interkulturalität und Transkulturalität: Perspektiven für interdisziplinäre Forschung und Lehre", in: Antor, Heinz (Hg.): *Inter- und Transkulturelle Studien. Theoretische Grundlagen und interdisziplinäre Praxis,* Winter, Heidelberg 2006, S. 25–39.

Bachtin, Michail M.: *Die Ästhetik des Wortes,* hg. von Grübel, Rainer; übers. von Grübel, Rainer und Reese, Sabine, Suhrkamp, Frankfurt a. M. 1979.

Bobzin, Hartmut: „Orientalisch-deutsche Literaturbeziehungen", in: Killy, Walter (Hg.): *Literaturlexikon,* Bd. 14: *Begriffe, Realien, Methoden,* Bertelsmann, Gütersloh/München 1993, S. 188–192.

Fichert, Anna: *‚Orientalische Sinnlichkeit' und ornamentale Abstraktion: Flaubert und die Dichter um 1900,* in: Dunker, Axel: *Literatur – Kultur – Text. Kleine Schriften zur Literaturwissenschaft,* Tectum, Marburg 2010.

Heidrich, Christian: *Die Konvertiten. Über religiöse und politische Bekehrungen,* Hanser, Müchen/Wien 2002.

Höpp, Gerhard: „Mohammed Essad Bey: Nur Orient für Europäer?", in: *Asien, Afrika, Lateinamerika,* Nr. 25 (1997), S. 75–97.

Höpp, Gerhard: „Wer schrieb ‚Ali und Nino'? Zur Archäologie einer Legende", in: *Zenit* 2/2001, S. 59–61.

Jacob, Joachim/Mayer, Mathias: *Im Namen des anderen. Die Ethik des Zitierens,* in: Jacob, u.a. (Hg.): *Ethik – Text – Kultur,* Band 3, Wilhelm Fink Verlag, München 2010, S. 9–18.

Janz, Rolf-Peter: „Transkulturalität – in literaturwissenschaftlicher Perspektive", in: Ryozo, Maeda (Hg.): *Transkulturalität – Identitäten in neuem Licht. Asiatische Germanistentagung in Kanazawa 2008,* iudicum, München 2012, S. 19–28.

Kreutner, Rudolf (Hg.): *Der Weltpoet. Friedrich Rückert 1788–1866. Dichter, Orientalist, Zeitkritiker,* Wallstein, Göttingen 2016.

Kreutner, Rudolf: „Frühes Interesse an orientalischer Literatur", in: Kreutner, Rudolf (Hg.): *Der Weltpoet. Friedrich Rückert 1788–1866. Dichter, Orientalist, Zeitkritiker,* Wallstein, Göttingen 2016, S. 31.

Kreyenborg, Herman: „Friedrich Rückert als Interpret orientalischer Dichtungen", in: Fischer, Wolfdietrich: *Friedrich Rückert im Spiegel seiner Zeitgenossen und der Nachwelt,* Harrassowitz, Wiesbaden 1988, S. 261–286.

Marschalleck, Ralf: „Vorwort", in: Bey, Essad: *Öl und Blut im Orient,* Verlag H.-J. Maurer, Freiburg 2008, S. 7–13.

Maurer, Hans-Jürgen: „Die Heftromane von Essad Bey, eine überraschende Entdeckung", in: Bey, Essad: *Liebe und Erdöl und Manuela,* aus dem Polnischen von Martin Pasek, Verlag H.-J. Maurer, Freiburg 2008, S. 52–61.

Mommsen, Katharina: *»Orient und Okzident sind nicht mehr zu trennen« Goethe und die Weltkulturen,* in: Golz, Jochen (Hg.): *Schriften der Goethe-Gesellschaft,* Bd. 75, Wallstein, Göttingen 2012.

Münster, Reinhold: „Friedrich Rückert", in: Kreutner, Rudolf (Hg.): *Der Weltpoet. Friedrich Rückert 1788–1866. Dichter, Orientalist, Zeitkritiker,* Wallstein, Göttingen 2016, S. 81–82.

Münster, Reinhold: „Johann Wolfgang von Goethe", in: Kreutner, Rudolf (Hg.): *Der Weltpoet. Friedrich Rückert 1788–1866. Dichter, Orientalist, Zeitkritiker,* Wallstein, Göttingen 2016, S. 78–81.

Niggl, Günter: „Studien zur Autobiographie", in: Engler, Bernd u.a. (Hg.): *Schriften zur Literaturwissenschaft,* Bd. 35, Duncker & Humblot, Berlin 2012.

Nigles, Yvonne: „Vorbild Goethe", in: Kreutner, Rudolf (Hg.): *Der Weltpoet. Friedrich Rückert 1788–1866. Dichter, Orientalist, Zeitkritiker,* Wallstein, Göttingen 2016, S. 33–34.

Reiss, Tom: *Der Orientalist. Auf den Spuren von Essad Bey,* btb Verlag, Berlin 2005.

Reiss, Tom: „Der Orient der Imagination" (Nachwort zu *Öl und Blut im Orient),* in: Bey, Essad: *Öl und Blut im Orient,* Verlag H.-J. Maurer, Freiburg 2008, S. 263–270.

Ricouer, Paul: *Das Selbst als ein Anderer,* Fink, München 2005.

Ricoeur, Paul: „Narrative Identität" (1987), in: Ricoeur, Paul: *Vom Text zur Person. Hermeneutische Aufsätze (1970–1999),* hg. v. Peter Welsen, Meiner, Hamburg 2005, S. 209–225.

Ricouer, Paul: „Vielzahl der Kulturen – von der Trauerarbeit zur Übersetzung", in: Krohn, Claus-Dieter u.a.: *Übersetzung als transkultureller Prozess,* edition text + kritik, München 2007, S. 3–6.

Ricoeur, Paul: *Zeit und Erzählung. Band III. Die erzählte Zeit,* Fink, München 2007.

Said, Edward: *Orientalism,* Pantheon Books, New York 1978.

Scharrer, Tabea: *Narrative islamischer Konversion. Biographische Erzählungen konvertierter Muslime in Ostafrika,* transcript, Bielefeld 2013.

Stemberger, Martina: „Westöstliche Metarmorphosen: (De)Konstruktion des ‚Orients' in europäischen Russland-Diskursen", in: Ulbrecht, Siegfried: *Germanoslavica. Zeitschrift für germano-slawische Studien,*Jahrgang 21 (2010), Heft 1–2, S. 3–26.

Sundermeier, Theo: „Religion und Fremde", in: Wierlacher, Alois und Bodner, Andrea (Hg.): *Handbuch interkulturelle Germanistik,* Metzler, Stuttgart u.a. 2003, S. 547–552.

Samsami, Behrang: *»Die Entzauberung des Ostens«, Zur Wahrnehmung und Darstellung des Orients bei Hermann Hesse, Armit T. Wegner und Annemarie Schwarzenbach,* Aisthesis, Bielefeld 2011.

Samsami, Behrang: „Vorwort zu *Das Mädchen vom Goldenen Horn:* ‚Herausgesprungen aus Tausendundeinernacht'", in Said, Kurban: *Das Mädchen vom Goldenen Horn,* Verlag H.-J. Maurer, Freiburg 2009, S. 16–18.

Sauerland, Karol: „Vom Osten kommt das Glück, vom Osten kommt die Gewalt“, in: Wergin, Ullrich u. Sauerland, Karol (Hg.): *Bilder des Ostens in der deutschen Literatur,* Königshausen & Neumann, Würzburg 2009, S. 7–25.

Soltani, Zakariae: *Orientalische Spiegelungen. Alteritätskonstruktionen in der deutschsprachigen Literatur am Beispiel des Orients vom Spätmittelalter bis zur Klassischen Moderne,* LIT, Berlin 2016.

Welsch, Wolfgang: „Transkulturalität. Lebensformen nach Auflösung der Kulturen“, in: Luger, Kurt (Hg.): *Dialog der Kulturen,* Österr. Kunst- und Kulturverlag, Wien 1994, S. 147–169.

Welsch, Wolfgang: „Was ist eigentlich Transkulturalität?“, in: Darowska, Lucyna u.a. (Hg.): *Hochschule als transkultureller Raum?: Kultur, Bildung und Differenz in der Universität,* transcript, Bielefeld 2010, S. 39–66.

Quellen und sonstige Literatur

Archiv des Verlags H.-J. Maurer

Archivauskunft des Zentralen historischen Archivs Ukraine Kiew vom 4.11.2008, Auszug aus dem Geburtsregister der Synagoge Kiew. Aus: *Azerbaijan International* 15.2–4 „The Busniess of Literature“, Los Angeles und Baku 2011. (Anhang -1-)

Brief Jenia Graman an Alexander Brailow, 13.6.1973.

Brief Ursula Futschik (Mitarbeiterin des Scherz-Verlages) an Hans Hermann Hagedorn (Mitarbeiter der Hamburger Literarischen Agentur), 17. April 1990. (Anhang -2-)

Lev Nussimbaums Schulzeugnis des 2. Jungengymnasiums in Baku von 1917/18. Aus: *Azerbaijan International* 15.2–4 „The Busniess of Literature“, Los Angeles und Baku 2011. (Anhang -3-)

Nachlass Prof. Dr. Gerhard Höpps, Zentrum Moderner Orient Berlin (verw. Auswahl, im Anhang angefügt)

Bey, Essad: „Lebensläufe von heute: Die Geschichte meines Lebens“, in: *Die literarische Welt,* Nr. 5, 1931, S. 3–4, Sign. 02.01.101.

Rezensionen zu *Öl und Blut im Orient,* Nachlass Höpp, Zentrum Moderner Orient, Sign. 02.02.002.

Scherz-Verlag: Vita von Kurban Said, März 1973, Sign. 02.01.003.

W. H. (wahrscheinlich Willy Haas): „Ein phantastischer Mensch: das ungewöhnliche Leben des Essad Bey“, in: *Die Welt,* Nr. 66, S. 4, Sign.19.03.1953.

Vertrag zwischen dem Zinnen-Verlag und der Literarischen Agentur Herta Pauli als Vertreterin für Kurban Said, 1. Februar 1938, Sign. 02.11.018.

Transkripte der Manuskripte von Kurban Said

Said, Kurban: „Der Mann, der nichts von der Liebe verstand (III)“, in: Fuhrmann, Wilfried (Hg.): *Ist Kurban Said der Mann, der nichts von der Liebe verstand?* (Transkript Heft III. Manuskript Kurban Said/Essad Bey), Potsdam 2008.

Said, Kurban: „Der Mann, der nichts von der Liebe verstand (VI)“, in: Fuhrmann, Wilfried (Hg.): *Wirre Phantasien eines Orientalisten* (Transkript Heft VI. Manuskript Kurban Said/Essad Bey), Potsdam 2009.

Said, Kurban: „Der Mann, der nichts von der Liebe verstand (IV–VI)“, in: Fuhrmann, Wilfried (Hg.): D*er Mann, der nichts von der Liebe verstand* (Transkript Heft IV–VI. Manuskript Kurban Said/Essad Bey), Potsdam 2010, S. 61.

Interviews

E-Mail-Verkehr mit Mirza Huseynzadeh, Dezember 2016.

Skype-Interview mit Mirza Huseynzadeh, geführt im Dezember 2016.

Sonstige

Bossauer-Groß, Christine: *Weibliches Schreiben um 1900. Franziska zu Reventlow und die Münchner Bohème,* Universität Augsburg 2015.

Crane, Cory und Niekerk, Carl: *Approaches to Kurban Said's Ali and Nino: Love, Identity, and Intercultural Conflict (Studies in German Literature Linguistics and Culture)*, Camden House Inc., New York 2017 [zum Zeitpunkt der Abgabe der vorliegenden Arbeit noch nicht erschienen].

Menzel, Birgit: „Eurasien als Translationsraum. Kurban Said und sein Roman *Ali und Nino*“, in: Dizdar, Dilek u.a. (Hg.): *Nationenbildung und Übersetzung,* Frank & Timme, Berlin 2015, S. 147–167.

Anhang

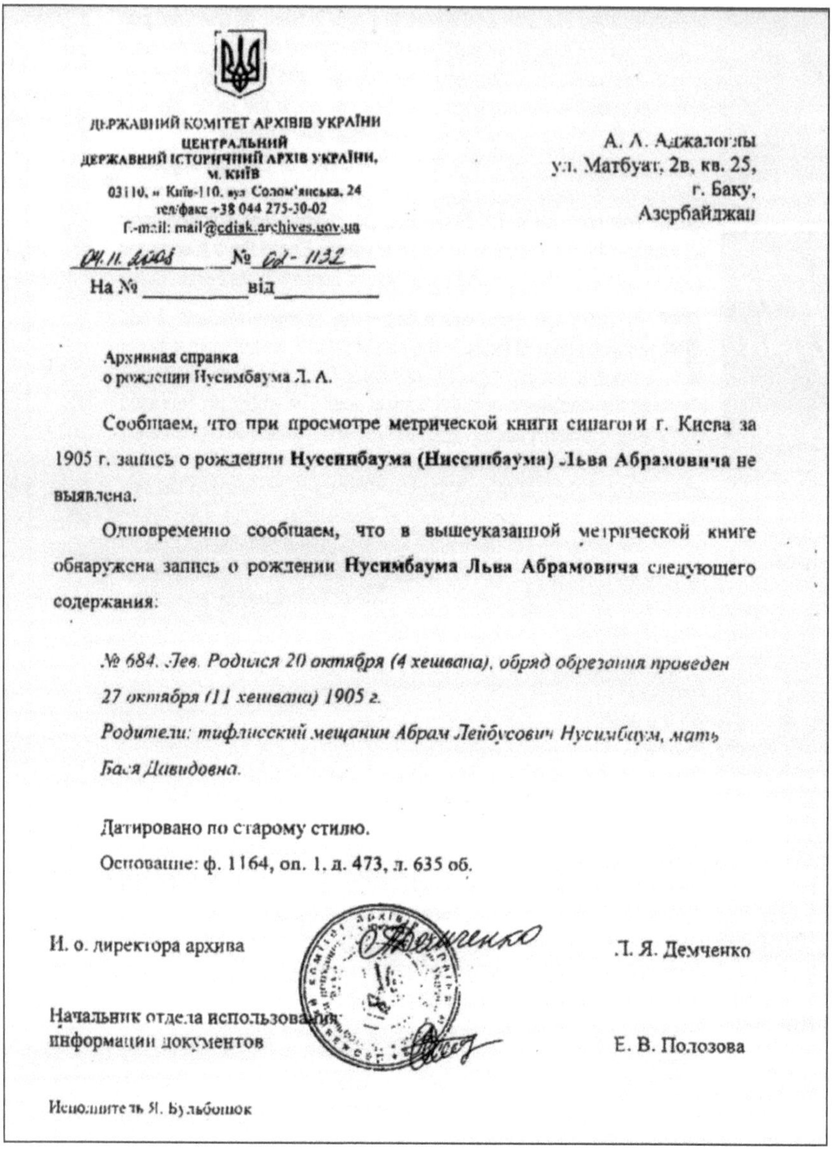

ДЕРЖАВНИЙ КОМІТЕТ АРХІВІВ УКРАЇНИ
ЦЕНТРАЛЬНИЙ
ДЕРЖАВНИЙ ІСТОРИЧНИЙ АРХІВ УКРАЇНИ,
м. КИЇВ
03110, м. Київ-110, вул. Солом'янська, 24
тел/факс +38 044 275-30-02
E-mail: mail@cdiak.archives.gov.ua

04.11.2008 № 02-1132
На № ________ від ________

А. А. Аджалоглы
ул. Матбуат, 2в, кв. 25,
г. Баку,
Азербайджан

Архивная справка
о рождении Нусимбаума Л. А.

Сообщаем, что при просмотре метрической книги синагоги г. Киева за 1905 г. запись о рождении **Нуссинбаума (Ниссинбаума) Льва Абрамовича** не выявлена.

Одновременно сообщаем, что в вышеуказанной метрической книге обнаружена запись о рождении **Нусимбаума Льва Абрамовича** следующего содержания:

№ 684. Лев. Родился 20 октября (4 хешвана), обряд обрезания проведен 27 октября (11 хешвана) 1905 г.

Родители: тифлисский мещанин Абрам Лейбусович Нусимбаум, мать Бася Давидовна.

Датировано по старому стилю.

Основание: ф. 1164, оп. 1, д. 473, л. 635 об.

И. о. директора архива — Л. Я. Демченко

Начальник отдела использования информации документов — Е. В. Полозова

Исполнитель Я. Бульбошок

Abb. 1: Entnommen aus *Azerbaijan International* 15.2–4, Seite 159 (Archiv Hans-Jürgen Maurer).

Archivauskunft des Zentralen historischen Archivs Ukraine, Kiew, vom 4.11.2008

Auszug aus dem Geburtsregister der Synagoge Kiew[280]:

Archivauskunft
über die Geburt Nussimbaums, L. A.

Wir teilen mit, dass bei der Durchsicht des Registers [Taufbuch/Kirchenbuch] *der Synagoge der Stadt Kiew aus dem Jahr 1905 kein Eintrag über die Geburt Nussimbaums (Nissimbaums) Levs Abramovitschs herausgekommen ist.*

Zugleich teilen wir mit, dass in dem oben genannten Register, ein Eintrag über die Geburt Nusimbaums Levs Abramovitschs entdeckt wurde, mit folgendem Inhalt:

Nr. 684 Lev. Geboren am 20. Oktober (4. Heschwana), der Ritus der Beschneidung wurde durchgeführt am 27. Oktober (11. Heschwana) des Jahres 1905.
Eltern: Der Tifliser Bürger/Kaufmann[281] *Abram Lejbusowitsch Nusimbaum, Mutter Basja Davidovna.*

Datiert nach altem Stil.
Einrichtung: (Nummer usw.)

---

280 Übersetzung von Christine Bossauer-Groß.

281 Russisch: *meschanin*, Bürger, (Klein-)Kaufmann/Händler, niederer Beamter usw., im neueren Sprachgebrauch auch „Spießbürger“ (vgl. auch den österreichischen Kleinbürger).

Brief Ursula Futschik (Mitarbeiterin des Scherz-Verlages) an Hans Hermann Hagedorn (Mitarbeiter der Hamburger Literarischen Agentur)

ALFRED SCHERZ VERLAG
BERN · MÜNCHEN · WIEN
DIREKTION

Bern, 17. April 1990 -/dc

Herrn
Hans Hermann Hagedorn
Literarische Agentur
Ericastrasse 142

D-2000 Hamburg 20

Kurban Said, Ali und Nino

Lieber Herr Hagedorn,

wir kommen heute auf Ihren Brief vom 13. März zurück, nachdem wir versucht haben, die Spuren unserer 1973 erschienenen Erstausgabe zu erhellen. Nun zu den einzelnen Punkten:

1. Entstehungsgeschichtliches

Grundsätzlich ist zu sagen, dass die im Juli 1989 erschienene Neuausgabe ein unveränderter Reprint der im März 1973 bei uns erschienenen Erstausgabe ist.
Von dieser Erstausgabe sind seinerzeit sowohl an Sie und Curtis Brown, aber insbesondere auch an Frau Thal Belegexemplare verschickt worden.
Diese Erstausgabe ist unbeanstandet geblieben und somit hatten wir auch guten Grund, die letztjährige Neuausgabe in allen Teilen unverändert nachzudrucken.

3000 BERN 7 / MARKTGASSE 25 / TELEPHON (031) 22 68 36

Abb. 2: Archiv Hans-Jürgen Maurer.

SCHERZ VERLAG

2. Blatt zum Brief vom 17. April 1990

3. Werktitel

Feststellbar ist unsererseits nur noch, dass wir die alte deutsche Ausgabe bei Ihnen am 9.2.1972 angefordert und einen Monat später von Curtis Brown erhalten haben.
Wie Sie richtig vermuten, haben wir diese Textfassung redaktionell leicht bearbeitet, da es sich um eine aus den 30er Jahren etwas verstaubte Uebersetzung handelte, die, beim Vergleich mit der uns ebenfalls zur Verfügung stehenden englischen Ausgabe, auch einige Irrtümer enthielt. Wir halten es für undenkbar, dass uns Dr. Barazon den Werkcharakter verletzende inhaltliche oder stilistische Textpassagen vorhalten kann, die zu weiteren Forderungen führen könnten.

Abb. 3: Archiv Hans-Jürgen Maurer.

SCHERZ VERLAG 3. Blatt zum Brief vom 17. April 1990

Wir hoffen, damit alle Ihre Fragen oder Hinweise beantwortet zu haben und sind

mit freundlichen Grüssen

Ihr

SCHERZ VERLAG
Vertragssekretariat

(Ursula Futschik)

Abb. 4: Archiv Hans-Jürgen Maurer.

Lev Nussimbaums Schulzeugnis des 2. Jungengymnasiums in Baku von 1917/18

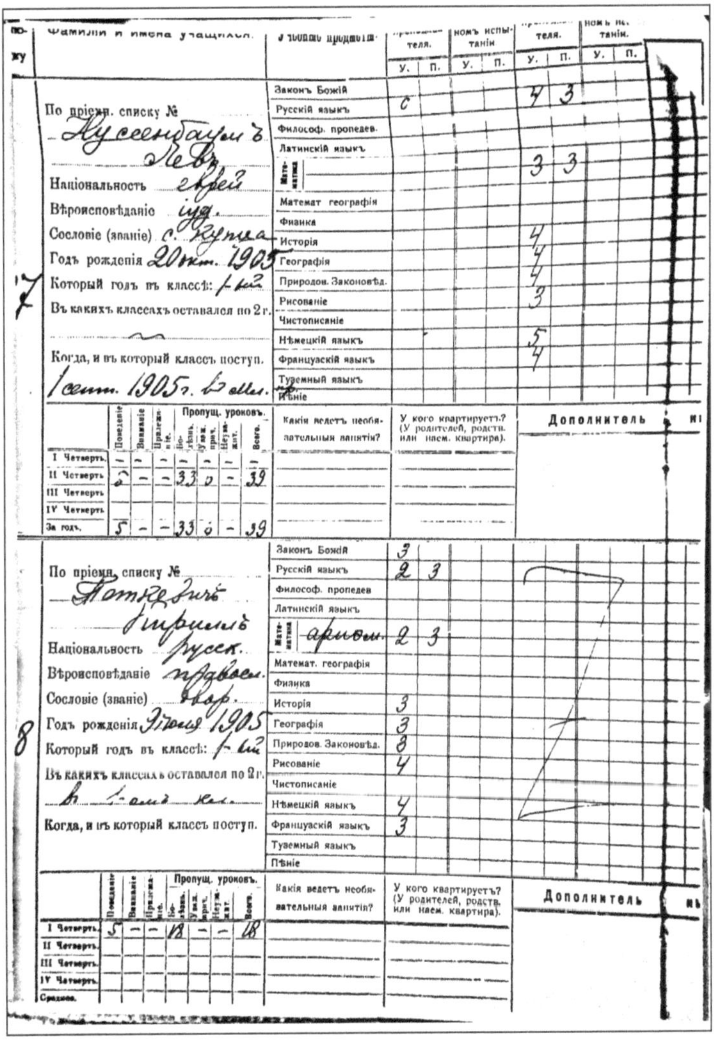

Фамилии и имена учащихся.

По пріему. списку №

Нуссенбаумъ Левъ

Національность еврей

Вѣроисповѣданіе іуд.

Сословіе (званіе) с. купца

Годъ рожденія 20 окт. 1905

Который годъ въ классѣ: 1-ый

Въ какихъ классахъ оставался по 2 г.

Когда, и въ который классъ поступ.

1 сент. 1905 г. в 1 кл.

Учебные предметы	У.	П.	У.	П.	У.	П.	У.	П.
Законъ Божій					4	3		
Русскій языкъ	5							
Философ. пропедев.								
Латинскій языкъ								
Математика					3	3		
Математ. географія								
Физика								
Исторія					4			
Географія					4			
Природов. Законовѣд.					4			
Рисованіе					3			
Чистописаніе								
Нѣмецкій языкъ					5			
Французскій языкъ					4			
Туземный языкъ								
Пѣніе								

	Поведеніе	Вниманіе	Прилежаніе	По болѣзни	Уважит.	Неуважит.	Всего
I Четверть	–	–	–	–	–	–	–
II Четверть	5	–	–	33	0	–	33
III Четверть							
IV Четверть							
За годъ	5	–	–	33	0	–	33

Какія ведетъ необязательныя занятія?

У кого квартируетъ? (У родителей, родств. или наем. квартира).

Дополнитель

8

По пріему. списку №

Потѣхевичъ Кириллъ

Національность русск.

Вѣроисповѣданіе православн.

Сословіе (званіе) двор.

Годъ рожденія 9 іюля 1905

Который годъ въ классѣ: 1-ый

Въ какихъ классахъ оставался по 2 г.

Когда, и въ который классъ поступ.

Учебные предметы	У.	П.
Законъ Божій	3	
Русскій языкъ	2	3
Философ. пропедев.		
Латинскій языкъ		
Математика: арифм.	2	3
Математ. географія		
Физика		
Исторія	3	
Географія	3	
Природов. Законовѣд.	3	
Рисованіе	4	
Чистописаніе		
Нѣмецкій языкъ	4	
Французскій языкъ	3	
Туземный языкъ		
Пѣніе		

	Поведеніе	Вниманіе	Прилежаніе	По болѣзни	Уважит.	Неуважит.	Всего
I Четверть	5	–	–	18	–	–	18
II Четверть							
III Четверть							
IV Четверть							
Среднее							

Какія ведетъ необязательныя занятія?

У кого квартируетъ? (У родителей, родств. или наем. квартира).

Дополнитель

Abb. 5: Archiv Sabina Hajiyev, Baku.